20 世纪中国图书馆学文库·14

图书馆学要旨

刘国钧 编

圙 国家圖書館出版社

本书初版于 1934 年 4 月, 据中华书局 1949 年 11 月再版排印(原书后附"中文名词索引"、"西文名词索引"未排印)

例　言

一、这本小书，目的在说明图书馆学的原理，所以偏重理论的阐发。实际方法只摘要略讲。所以名为要旨。

二、图书馆的实际方法很多，变化极大，在这本小册里，决不能发挥详尽，将来想另编一部图书馆方法论来讨论它。

三、这部书想特别说明图书馆的目的在于图书的运用；表明办理图书馆和所谓"治目录学者"的不同。所以先从参考和阅览说起，这是在编制上和坊间现行的图书馆学书不同的一点。

四、本书完全为未受过图书馆训练者说法，故每章之后，附有问题和参考书，以便读者作进一步的探考。

五、本书成于民国二十年春季，但因排印需时，至今始能出版，在此期间所出参考材料，不及一一收入，甚为抱憾。

六、本书承中华书局编译所特为加编索引，谨此表示感谢。

目　　次

第一章 图书馆学的意义与范围

本书的宗旨 这本小书的目的,是要说明现代图书馆学的内容,使得办理图书馆或对于图书馆有兴趣的人,知道经营现代图书馆所必需的最低条件。然而这本小书却不能作为办理图书馆的万宝全书:因为图书馆的方法极复杂而繁多,决不是这区区的小册所能详尽。况且现在出版的图书馆学书也有了好几种。它们大都是所谓"概论"一流的著作:对于图书馆的各方面工作都有讨论,可以不必重复了。所以本书只就图书馆学的基本原理加以说明,而不一一讨论各种琐碎的地方。倘使读这书的能感觉到办理图书馆不是一件随便可以有成效的事,因而进一步求高深详尽的专门著作,那作者的目的可算达到了。

图书馆学的意义 什么是图书馆学?图书馆学便是研究图书馆的组织法、管理法和使用法的学科。所以要明了图书馆学的真性质,就要先知道什么是图书馆。

什么是图书馆 图书馆是自古就有的一种制度,但它成为一种教育的利器,社会的动力,却是近几十年来的事。所以社会上对于它不免有认不清真相的地方。很多的人以为图书馆是个收藏贵重图书的地方。这些贵重图书或是印刷很古传世很少,或是印刷精美价目很巨,或是所谓圣贤的宝训,文人学士的词章:不合乎这种标准的便是不合于图书馆之用。但是我们若就图书的功用一着想,便可知道这种见解的偏颇。图书只是人类思想,感情或活动的纪载;是人类上一代将他们的知识传授给下一代的重要媒介。文

1

化所以能继续,学术所以能有发展都靠着图书。就理想的环境论,一切片纸只字都是后人所赖以了解前人的资料,所以都应当慎重保存以防损失。图书馆若只就所谓贵重书着眼,而任许多有用而不贵重的纪载埋没,岂非和图书的本旨相违?何况今天所谓贵重,明天或许不贵重;一人所谓贵重,他人也许不贵重?固然,在事实上,一个图书馆,只能就它所最切要的图书从事搜罗,而不能无区别地收藏任何纪载。但这不过是事实上的限制。而收藏贵重图书,不是图书馆的一般特性,却于此可见了。

又有些人以为既是图书馆必定有多量的图书,否则不配叫图书馆。又有些人专在馆字上着想,以为图书馆必须有崇闳的建筑,精美的设备,否则也不配叫做图书馆。这都是误解。图书馆内图书丰富,固是很好。但这不是图书馆的目的。收藏了许多图书而不使这些图书在人的行为上发生影响,换句话说,只藏而不用,那就失去图书固有的功效;因为图书原是供人看,供人读的,不然怎能做传播思想的媒介?不经人用的图书无异于一堆废纸。废纸的堆积,无论怎么多,也无益于人生。这不是我们所说的图书馆。至于馆舍自然是不能免的:图书不能放在半空中。但是馆舍也要以实用为原则。能伟大固然好,不然便小点也不妨。若为了美观而牺牲实用,甚至于牺牲图书或其他费用,那就不值得了。所以图书的数量和馆舍的优美,都不是图书馆的特性。

那么,究竟甚么是图书馆的特性呢?简单一句话:就是用种种方法以谋使用图书的便利。图书须有人使用才能发生功效。但用书却不是很容易的事。自古到今著作已是很多。所谓"浩如烟海""汗牛充栋"都是想表明图书数量之多。这已经可以叫人生"吾生也有涯,而知也无涯"的叹息!何况在现时,新发明新学说更月异而日不同,新出图书更是有加无已。我们怎样能将它们搜集一处以供采用?又怎样选择?怎样诵读?所以不能不有一个机关以搜集图书为任务,并且用种种方法,使用书的人能容易地满足

2

他的需要,而同时一切图书也都可有使用的人。这个机关就是图书馆。所以图书馆的图书数量固然希望能多,价值固然希望巨大,馆址希望崇闳,但这些都不是它的特点。如其书虽不多,价也不贵,房子只三五间,而能用完善的方法使得所收的图书都能充分的为人利用,那就是一个很有生气的图书馆。我们不否认图书馆应当有优美的建筑,也不否认图书馆应当收贵重的图书,更不否认图书数量应当大。但所要表明者,只是此三者不是图书馆必不可少的特性罢了。于是我们可以为图书馆下一个定义说:"图书馆乃是以搜罗人类一切思想与活动之纪载为目的,用最科学最经济的方法保存它们,整理它们,以便利社会上一切人使用的机关。"

现代图书馆的特征 像上面所说的现代图书馆,它的兴起不过百年,尤其是近五十年来的工夫。它的发源地是美国;这是我们所不能不承认的。它的特殊设施约略计来可有八种:(1)用地方或国家的经费设立;(2)自由阅览不限任何的资格,不纳任何的使费;(3)阅览人可以自由出入书库,或书库的一部;(4)附设儿童图书馆以培养儿童的用书习惯;(5)与各级学校合作,订立特别阅览办法,或供给学校所用之参考书;(6)设立成人教育部,指导年长失学的人读书程序,介绍相当的图书;(7)设立参考部或问讯处,代阅览人搜集材料,以便解答疑难的问题;(8)设立分馆,支部代办所,巡回文库等以推广图书馆的功用。这种设施都是从前所没有的。根据以上各点,我们可以说:现代图书馆是自动的而非被动的,使用的而非保存的,民众的而非贵族的,社会化的而非个人的。

怎样说现代图书馆是自动的呢?因为现代图书馆的最大责任,不在仅仅的保守馆内所藏的书,而在使馆内所藏的书都有人阅览,尤其要使得社会上人人都能读他所当读的读物。这样一来,图书馆断然不能安坐着,静默着,等待人来;而必自己用种种方法引起社会上各人读书的兴趣;并且谋阅览人的种种便利。如图书馆推广,图书馆广告,参考部和成人部的设立,都是这种精神的表现。

所以说现代图书馆是自动的,积极的。

怎样说现代图书馆是使用的呢? 这就是前面所说现代图书馆以谋图书的使用为目的。从前注重保存,注重收藏;它们只是静止的,消极的。所以从前的图书馆对于保存的方法是很考究的;对于流通却全不注意了。它们往往设立在山清水秀人迹稀少的地方。但是现代的图书馆却要设在通衢大道,行人容易往来的地方;它们虽然也讲究保存书籍的方法,如防火建筑等,但它们特别欢迎人来阅览,借贷或参考。所以说现代图书馆是使用的而非保存的。

怎样说现代图书馆是民众化的呢? 现代图书馆是为着大多数的人而设,不是为了少数所谓"读书人"而设的。凡是有读书识字能力的,不问他的年龄、地位、职业和性别,都应当在图书馆内寻着适当的读物。图书馆内的图书不单是供给学者作高深研究的,并且也预备普通人在那里得些常识,或是得些关于增进技能的知识。所以现代图书馆对于阅览人是无限制的。它是要将知识传播给任何人的;它不愿知识为少数人独占;它极力想法和民众接近。这和古代极少数的图书馆,只有所谓"士大夫"一流的人能使用的,正立在相反的地位。所以说它是平民化而非贵族化的。

怎样说现代图书馆是社会化而非个人化呢? 古代的图书馆多半是私人的,只有几个人能受它的益处。就是公家设立的,如清朝所设的文宗、文澜等阁,也只是几个读书的人能去阅览。它们最多只能使那几个人得点利益。那些图书馆从未认识自己在社会上的地位。但是现代图书馆所注重的对象,已由书籍变为它所服事的人;它的兴趣已由静止的保全图书变成活动的指导人们阅览图书了。从前的图书馆首先注意的是图书的自身;间接才注意到阅览的人。现代图书馆却因为注意图书的使用,所以一直就注意阅览的人,并且进而注意到没有来馆阅览的人。不但设种种方法给来馆的阅览人以种种方便,并且设种种方法以引诱人来馆阅览。试看现代图书馆发达的经过,最初只是几位学者来和图书馆接近;后来才有教师和学生,后来有儿童,后来各种有职业的资产阶级,后来劳动阶级都和图书馆发生关系了。在欧美许多地方图书馆渐成为社会的中心;凡地方公共团体的集会多半在馆内举行。所以现代的图书馆完全不是那些以几本古书自足的图书馆可比了。

总之,现代图书馆的目的是使人和书发生有机的关系。要使社会上无不读书的人,馆内无不被人读的书。

现代图书馆的功用 这样的一个图书馆,在社会上自然不是没有价值的了。现在就教育、修养、社会三方面分开来说。

(1)教育上的价值 图书馆在教育上的价值,是无人能否认的。先就对于学校方面说:它对于在校的学生可供给参考书籍和补充读物,以补学校正式课程或教科书的不足。它对于教师可供给参考的资料而增加他的教材;对于研究求高深学术的专家可以供给他研究资料;对于一般平民,可以指导他们循序渐进以读书。并且馆中的读物,能随读者的意思自由选择,所以能免去学校里划一的弊病而适于发展个性。尤其重要的,便是图书馆对于已经离开学校而愿意求学的人,可以供给他继续研究的所在和供给可能的资料。

(2)修养上的价值 教育的价值是侧重供给知识方面说的。然而人在社会上的事业不全凭知识,品格也是要紧的。所以修养是人生所不能忽视的一件事。我们想激励我们的志气,发扬我们的人格,不能不借助于古人的嘉言懿行来作我们的模范,而图书馆便是这种材料的地方。不但如此,我们在劳力或劳心之后,精神困顿,在图书馆里取些新鲜读物,如小说文艺一类作品,阅览一番,很可以振作我们的精神,恢复我们的疲劳,变换我们的心思。况且我们也不会没有偶然闲暇的时候。闲暇是最危险的时机,许多恶习惯都是这时候养成的。"小人闲居为不善,"并不一定是句陈腐的话。假如我们有了图书馆,能在有余暇时,便取些书或画看看,不致白白的消磨岁月,而且可以得着相当的益处,这对于修养不是有很大的帮助吗？

（3）社会的价值　前面说过，现代图书馆是个社会化的机关。它是公开的，而且人读了它所藏的图书之后，又多少可以影响他的思想和行为。所以因为图书馆读物选择适当的缘故，往往可以提高一地方的教育程度，道德标准，或者培养群众的知识，引导社会活动的趋势。这就可以看出它的价值了。至于供给社会上人人以现代的知识，使他们不致成为时代的落伍者，并且能有适当应付现代问题的能力，那更有功于社会进步了。试看美国近年来积极利用图书馆做使外国移民美国化的工具，近来又提倡图书馆为成人教育的机关，便可以知道图书馆在社会方面的势力了。

图书馆学的分科　由上所说，图书馆学便是关于怎样实现这理想的一种研究。图书馆成立的要素，若加以分析，可以说是有四种：（一）图书，（二）人员，（三）设备，（四）方法。图书是原料；人员是整理和保存这原料的；设备包括房屋在内，乃是储藏原料、人员、工作和使用图书的场所；而方法乃是图书所以能与人发生关系的媒介，是将图书、人员和设备打成一片的联络针。分别研究这四种要素便成为各种专门学问。

图书的研究可分为三方面：第一，研究图书的实质。这是研究它的形式、制作、原料等等，（1）有专门研究图书制度发展的经过的，即图书如何而达到今日的形式，这可称为图书史。（2）有研究它制成的方法的，这是印刷术和装订术，近来都成为工艺上专门学问。（3）研究图书的原料的，如纸、墨、颜料等，这也是工艺上的专门研究，这一方面的研究从前人都不很注意。在现在如印刷、装订以及图书原料的制造都极发达而成专门学问，不是图书馆学的范围所能包括，然而关于这些方面的浅近的知识，却是为从事图书馆学者所不可缺，不然，不能了解一本书制成的经过。

第二方面是研究图书之一般的内容的。这不在形式制作方面着眼而注意于书内的文字了。又可分为（1）研究一书的版刻源流的,这称为版本学;(2)会合许多不同的传本而比较其文字异同的,称为校勘学;(3)绅绎一书的宗旨,辨别这种思想和别种思想的异同,以及考订著者的真伪的,这是目录学。这三种学问对于研究任何学问,尤其是书本子上的学问,有很密切的关系。无论中外都如此。在从前的时候往往把三者混合为一叫做目录学。但我们以为稍加分别好些。当新图书馆学未兴起以前,这门学问几乎占了图书馆学的全部。

关于图书第三方面的研究是收藏图书的历史。(1)研究藏书制度的历史;(2)研究一特别的书经人收藏的历史。这种研究有时可以使我们了然于古代著作何以或存或亡,和如何流传。从前所谓目录学里,有时也包括有这一方面的材料。

图书馆人员的研究包括人员养成的方法(如图书馆教育,图书馆学,课程编制等),和图书馆人员资格标准的研究(如人员选择标准的制定,人员等级的区分等)。

研究图书馆设备的,可分器具和房屋两项。而房屋建筑尤其需要仔细的研究和专门的知识。

研究图书馆管理方法的:可分行政、采访、整理、使用四方面。行政是讨论图书馆的组织、经费、方针、政策的。采访又可分为选购和登录。选购是选择和购买图书的方法;登录是图书购到以后记入登录簿的手续。整理是依某种方法,将图书安排成为一个系统以备人应用。这里包括分类,编目和典藏等方法。使用是讨论运用图书的种种方法的。这是图书馆目的所在。譬如万水奔流而朝宗于海,使用便是图书馆一切设施所朝宗的海。这可分为参考、借贷、推广等各部。

广义的图书馆学包括以上各方面而言,狭义的图书馆学往往只指着最后一项。就是所谓图书馆管理法。这项方法确是新图书馆运动兴起以后的产物。今日图书馆所以能成为一种社会的力量,能负改进社会提高学术的责任的,都由于我们对于图书馆有一个新的观念;而表现这新观念最充分最有力的就是这新式管理法。这本小书也专注重于这一方面。

图书馆学分科又一方法,就是将图书馆学分为目录、行政和技术三方面。目录包括图书本身的研究和图书参考及实用目录学。行政包括各种图书馆之组织、建筑、人员养成和任选等;而登录、分类、编目、典藏、流通等事则属于技术方面。这种分科办法在美国图书馆学校里颇为流行,在实际上也觉得很方便。

图书馆学和其他科学 图书馆是一种教育机关,所以图书馆学不能有违反教育学原理。但图书馆,尤其是公共图书馆,也是一种社会机关;它要应付社会上的民众,所以图书馆学要和社会学社会心理学发生关系。这在图书馆推广和广告术上更为明显。就这一方面说,图书馆学是教育学和社会学的一支。但图书馆学也可说是一切研究任何学术所必须的工具。因为它能告诉我们怎样搜集材料,整理材料,和鉴别材料。最近美国各大学都有图书馆使用法一学程,教授普通学生使用图书馆的知识。又有目录学或目录研究一类的学程来指导高级生做研究工夫。这都可以看出图书馆学的功用和它对于别种科学的关系。

结论 总结上面的意义:图书馆是一个搜集人类思想和活动的任何纪载的地方。它的目的是要用某种相当的方法将这些纪载整理起来供给人用。图书馆学便是研究这种机关的组织管理和运用的学科。我们知道一个图书馆的成立,无论如何,必须要有(1)图书,(2)人员,(3)设备,(4)方法。所以图书馆学也可依这四点来分科,虽然此外还有别的方法。图书馆学的内容不是简单的。而且就现在各著名图书馆学校所开设的课程看来,有好些在表面上似乎是和图书馆无大关系,如教育学,心理学,儿童学,现代文学之类。这恰可以证明图书馆学不是一种孤立的东西。要使得图书馆成为一种活动的机关,那么,主持图书馆的人,决不能不了解和图书馆有密切关系的其他学科。

问题

一 现代图书馆和古代图书馆的主要区别在哪里？

二 试研究现代图书馆所以发达的原因。

三 试说明图书馆对于学术发展的关系。

四 试说明图书馆对于工商的关系。

五 研究图书馆学的益处在哪里？

六 图书馆学和目录的异同之点在哪里？

参考书

一 杜定友：《图书馆通论》 上海商务

二 杜定友：《图书馆学的内容和方法》 见《教育杂志》第十八卷第九、十号

三 李小缘：《藏书楼与公共图书馆》 见《图书馆学季刊》第一卷第三号

四 杨昭悊：《图书馆学》 上海商务 上卷第一章

五 常道直：《图书馆与教育》 见《教育杂志》十四卷第六号

六 马宗荣：《现代图书馆序说》 上海商务

七 洪有丰：《图书馆组织与管理》 上海商务 第一章

八 刘国钧：《近代图书馆性质及功用》 见金陵大学《金陵光》第十二卷第二期

九 杜定友：《图书管理学》 上海中华 第一课

十 杜定友：《图书馆与成人教育》 上海中华

第二章　参考部与参考书

图书的使用　图书馆之搜集图书,本以使用为目的。假令有丰富的图书而没有使用图书的人,这是办理图书馆者事业上之失败。无论如何,应当想法避免的。如其图书馆中每一本书都能有相当的读者,都能对于读者发生相当的影响,那无论这图书馆内书籍如何的少,如何的寻常,我们不能不承认这个图书馆是个有生气的图书馆,是它所在的社会上一个有益的机关。所以就现代图书馆的立场说,怎样使得图书得着最大的效用乃是图书馆经营法上最重要的根本问题。其余一切的设施,都可算是解决这个问题的手段。

我们使用图书的时候,或者从头读至尾,仔细咀嚼玩味;或者翻检其中的一篇一段,查考其中的一字一句。这两种读书的方式不同。前者的目的在阅读;后者在翻检。前者希望阅览一书的全部,时间不妨从容;后者希望查得所寻求的事实,越快越好。图书馆对于这两种用书的人,都要想法子满足他们的需要。于是有借贷流通的方法以求阅览的便利;有参考部的设立以求检查的便利。图书馆既以图书使用为目的,出纳和参考便是达到这目的的两条大路。

参考部的意义　图书馆中的参考部,便是阅览人寻求事实、搜集材料、检查篇章的地方。在这里应当搜集很多而且靠得住的参考图书,任凭阅览人的随意翻阅。在这里应当有训练有素的管理员,接受阅览人的咨询,协助他们搜集材料或解决疑难。在这里可以有人来问一位名人的生日;可以有人来问最近外国政府的官员姓名;可以有人来访海关十年来出入口统计;可以有人来问关于无线电的最近著作;可以有人来问某文豪最近名著在何家出版,或研究现代哲学应先看几本什么书。总之,这里是一个问讯的机关,是一个答复咨询的机关,同时也是一个指导读书的机关。这里的两大要素,便是参考书和管理员。

何谓参考书 参考的工作既是在一部书或许多书内检出一段记载,所以无论什么书只要在研究某问题时可以供给资料的,便是关于那问题的参考书。就广义上说,参考书和普通书并没有绝对的区别。一切的书都有时可供参考之用。但是有许多书在编制的时候,便不希望人从头读到尾的。他们的目的就在使人能于最短期间查出一件事实。这类书中最显著的,例如字典,便是以供人寻求字义为目的的。又如《中国年鉴》,是供人检查最近中国政治、社会、经济各方面的发展情形的。这类的书在寻常状态下绝无全部阅读的必要。这便是专为便利检寻而编辑的书,也就是狭义的参考书。凡本章内所说的参考书,都是指着这一种。为便利起见我们可以下一个参考书的定义如下:参考书是搜集若干事实或议论,依某种方法排比编纂,以便人易于寻检为目的的图书。这种参考书的资料,有时限于某一种学科,如《植物学大字典》,《理化辞典》之类。有时不限于某种范围而于学术全体都无所不包的,如《图书集成》及《大英百科全书》之类。于是参考书又可以有特殊的和普通的区别。

设立参考部的必要 这样在图书馆内搜集并利用参考书来答复阅览人的问讯,并于相当时机指导读书途径的部分,便是参考部。所以图书馆中必须设立这一部的缘故,很为明显。

参考业务成功的条件 要使得参考部事务的功用显著,首先要进行的得法。第一,管理员应当熟习各种基本参考书的内容和方法,否则,问题来了无从着手;而且有些骤然看着好像隐僻的题目,实在是在基本参考书中就可以查着的。第二,管理员宜有充分的常识,并不可忽略琐碎的知识。这样,才可以有随时应付的能力。问询的人往往有问及极琐细的事,管理员如能立时知道关于这类的事应在某类图书内找寻,便可省去无限精神。第三,应随时收罗有用之资料,或编制索引,或剪裁纂集,以便读者的询问。在社会上发生重大注意的事件时,尤其应预先搜集材料,以免等到读者来问时才着手。第四,要有选择适当的参考书。否则虽多不合用,又有何益?有了上列的几种条件,然后再能按着步骤去搜集材料,那参考的事务自然有很好的效果了。

怎样研究参考书 实际上参考所用的书,并不止是狭义的参考书,但是以它们为基本。它们的用途和效能,只有经过仔细的研究才能明了。所以我们研究参考书时,只能暂以它们为对象。那么,怎样研究呢?墨奇(Mudge)女士说得好:"惟有时常的实际的运用一种参考书,方可以叫人彻底熟习它的性格和用途。"但下面的几点:墨奇女士也认为是研究参考书的几条普通原则。

一、研究书名页,或版权页。注意:(1)书名所表示的本书范围;(2)著者姓名;(3)著者经历或资格;(4)出版人和出版时并将出版的日期,和本书著作或取得著作权的日期及原序的日期。这样可以决定本书著作的时期,也可看出它销行的快慢。

二、读本书的叙言或绪论。(1)以确定本书的性质和范围;(2)看它有无特色或缺陷;(3)看它与同样的书如何比较。

三、审查书的本身。注意:(1)它的排列法;(2)记载的格式;(3)有无相互参照的地方及参照的方法;(4)有无附录;(如有,是何性质,共有几种,与正书如何联络,)(5)有无索引;(如有,是否正确详备?)(6)文字的性质是否通俗,抑是专门? 有无偏见;(7)有无参考书目或引用书目;(8)如系多数人共撰的书,是否每人的著作,都各自署名以示负责;(9)本书的内容,是否与书名及绪论所说相符;(10)记载是否正确。若就自己有研究的部分翻出来看看,更可容易决定它的价值。

四、审查本书文字和序论时,尤其要注意到著作人的立场是否偏颇。假如是关涉政治、社会或宗教上等等争辩的,应注意它是否代表一方面,或是公平的批判。又须注意到这书的取材内容和编制方面,是否带有投机性质,企图推广销路。若是如此,它的价值就要打个折扣。

五、研究本书排列法时,应注意本书所用的方法,和别书所用的方法有没有不同的地方。例如用系统的分类法排列的类书,《册府元龟》就与《图书集成》不同。《图书集成》又与《渊鉴类函》不同。又如同用字的顺序排列的参考书,《辞源》与《中国人名大字典》不同。《康熙字典》、《四角号码学生字典》、《张凤字典》、《新桥字典》又各不相同。在西文书中,同用英文字母顺序排列的,《新国际百科全书》(The New International Encyclopedia)和《美国百科全书》(Encyclopedia Americanna)就不相同,而德文、俄文以及其他外国文的字母序列法,又多和英文不同。这些歧异之点,须弄得十分明白,否则检查的时候,很不容易立时找着所需要的材料。

六、假使所审查的书,是一种自称为改订本的参考书,那必须注意它改订的程度如何。是否将原书重行组织,改订一遍。抑或改组虽然彻底,但是原书中仍可有用的材料被删了若干。又或所谓改订的地方,竟非常的少,和原书没有什么出入。知道了这几点,然后才可以决定这本所谓改订本,是否必须购买;未经改订的原本,是否毫无用处。

七、书之制作。这是关于书的本身的。因为参考书的使用次数多,所以装订要坚固。一书有几种装订时,图书馆应当买坚固的。纸张方面也要注意。太薄了,容易绉起和卷角,使书容易破坏。字体方面以清楚明晰不伤目力为最上。页数过多的参考书,最好要有指标(Thumb Index),庶几更易于检查。

这以上几点,是审查任何参考书时都应注意的。以下再就几类最重要的普通参考书,加以讨论。

参考书的种类　前面屡屡说过,现在最进步的图书馆中参考部所用的图书,并不限于寻常所说的狭义参考书。充类至尽的说,没有一件形诸笔墨的记载,不足以入参考部的范围。不过所谓参考书也者,是参考部的基本而已。这种参考书,也可分为几类:(1)字典,辞典;(2)类书;(3)百科全书;(4)年鉴;(5)索引;(6)目录;(7)舆图地志;(8)期刊。这几类,都是参考工作所不可缺的基本工具。所以把每类的特点,和应该注意的地方,略微一说。

字典与辞典　字典是解说文字的;辞典是解释名词的,这两种都是最基本的参考书。读书必先识字,这两种书就是帮助我们了解文字的意义的。严格的说,字典只是关于字的掌故,如字形、字声、字义、字源等等。至于字所指的实在东西,则并不必加以记载。记载实事实物的,乃是类书和百科全书。但实际上的分别颇不如此清楚,尤其像新出版的字典,如英文中 The Century Dictionary 就很带有类书的色彩。这对于研究,却是很便当的。

在中国解释字义的书,自然要算《尔雅》为最先。但《尔雅》所说,差不多全是在字的意义上,是所谓"训诂""名物"的书。对于字形、字声两方面,都没有论及。具有近来所谓"字典"的资格的书,当然要推东汉许慎的《说文解字》为起始。而在近代卷帙最繁,势力最大的,要推《康熙字典》。这字典是清康熙帝叫人编纂,颁行全国,作为读书识字的标准的。道光年间,曾校正一回。以后便仍而不改。直到现在,各种不同的字典,不下五六十种,几乎一大半是《康熙字典》的附庸;虽则在排列的方法上有几种很大胆的改变了《康熙字典》的原样。近来字典在实质上和以前不同的,就是加多了许多科学传入中国以后的新字或新意义。这种新字和新义的吸收,是审查字典时,所特别要注意的。

不论中国和外国的字典,为了使人明了一字的意义和用法起见,常引用许多古书中的文句。这很可以帮助我们作校勘的用。有时我们要想节引几句古书,也可利用。同时就所引的书先后比较起来,也可看出字义和用法变化的痕迹。

字典的用处很大。图书馆内不能不备,而且不当只备一种。但是有许多字典,内容不很好,不值得买的。所以购买的时候,应当格外慎重。应当经过很仔细的鉴定。鉴定字典和鉴定其他参考书一样,都要依照上面的六条通则。但同时更要注意下列几点:

第一关于著作者的或编辑人的 1. 著作者或编辑人是谁?他的学识如何? 经验如何? 他是真实地从事于著作和编辑抑或仅是挂名? 2. 除著作人或编辑主干外,有无别的编辑或投稿人?他们所负的责任如何? 学识资格如何?

第二关于字汇的 1. 本书所收共约多少字? 2. 它的范围如何? 去取的标准如何? 3. 所收的字,以什么时期为标准? 4. 有无俗字,古字,及僻字? 5. 有无成语?

第三关于每字的解释 1. 字体:中文字典要注意点画。外国字典更要注意它的拼法和变化。2. 读音:中文字典的注音,大约有三类:第一直音,第二反切,第三音标。后者又分两种:一用罗马字母,一用注音符号。在外国文字典中,记音方法也颇不一。照例,书首必定有注音方法的说明。这是在使用字典之前,所必须学会的。3. 释义:要注意它是否正确? 一字的异义,是否完备? 字义的变化有无说明? 各时代中的用法如有不同,是否表明? 常用的意义和冷僻的意义,是否分别注明? 释义中有无引证古书或成语的地方? 引书时,出处是否注明? 字同义异时,怎样表示? 4. 字的排列法。在中国字典里,一向是照《康熙字典》用部首法排列的。但是近年以来,对于部首法的不满,以及各种改革的方案,不下五十多种。有好几种字典,都是依照新法排的。外国文字典大概都是照字母的顺序排的。但在小节上,颇有些不同的地方,是应该注意的。5. 字源。这是说明一个字的从什么别的字孳乳而出的。所以关于这一方面,第一要问它是否正确,其次是否完备。

第四关于插图的　书中有没有插图? 如有,它的正确的价值如何? 有彩色否? 因为书中插图对于书的价值和功用都有大关系,所以要特别审查。

第五附录和补遗　1. 它们的性质如何? 2. 它们和正书有什么关系? 3. 在甲字典内附录的材料,在乙字典内可以收入正文。所以这些地方应特别注意。其中并且往往有意想不到的好材料。

第六特别事项　1. 如简字、俗字、地名、外国字等等。书中有无地位? 在附录内,抑在正书内? 2. 如系再版,当注意它(A)有无修改? 和(B)修改的程度如何?

以上都是审查字典时所最宜注意的几点,至于字典的种类,也可以分作三种:第一是普通字典,就是我们平常所用的。它所收的字,并不限于哪一方面,如《康熙字典》、《中华大字典》、《新字典》都是。第二种,可以称为专科字典,是专解释某一种学科所用的字或名词的。在中文方面,因为专科所用的名词多于单字,所以这类的字典,往往叫做辞典,如《植物学大辞典》、《动物学辞典》等,都属此类。第三种是专书或专人的字典,是专讲一部书或某一人的著作所用的字的用法和意义的。因为这些用法和意义等,时常有特别的地方,例如陆德明的《经典释文》就是这一类的。

辞典也可认为字典的一种。前面说过,严格的说,字典是以字为主体,它所解释的止限于文字的本身,对于文字所代表的物是可以不注意的。辞典乃是解说名词的,对于所名的物,不能不讲,所以辞典才是讲名物的书。但事实上,字典对于名物不能完全置之不问,所以辞典和字典之间,也难有绝对的区别。鉴别辞典的各点,也和字典相仿。

类书　字典是最初级的参考书。但类书和百科全书却是最适用的参考书。类书的起源,似乎很古。据说三国时魏文帝所编的

《皇览》就属于这一种。这种书是将许多事实或文字，分类的裒集在一处。所以找着一件事时，就得着关于这事的许多记载。它所用的材料大都是从别的书上抄录来的。编辑的人间或加以自己的意见，但那是少数。普通的类书，编辑人，大都是剪裁、搜集、排比而已。读书的人贪图其便于查阅，都很欢迎。所以自唐宋以后，类书的种类，日渐加多。其中互相抄袭雷同的，也就不少。所以购买时的审查，也要更加仔细。

就它的目的说：类书似乎可以分作两派。一派以供给掌故为目的。这样的类书，在每条之下，采集许多与它有关的记载，依某种次序排列起来，使人能得着关于这事的各种不同的记录。例如《太平御览》、《玉海》，都是这类的正当代表。又一派的目的不在供给掌故而在供给文章的词藻。它们每条之下，总是从各种书内将关于某事或某字的优美的词句采集一处，供人作文时候的采择或引用，如《事类赋》等便属于此类。这种所采的材料多半零碎，可以叫做摘锦式的类书，正如前者可以叫做汇考式类书一样。也有兼有两种性质的，如《渊鉴类函》。类书的排列方法各有不同，最通行的有三种：第一种是用系统的分类法的。这种分类的系统也各有不同，如《册府元龟》、《太平御览》、《图书集成》，都是系统的分类式，但它们的系统都各不相同。第二种是按韵目排列的，这在早年是种很通行的排列法；因为系统的分类法必须要人了解它的系统，而各系统又彼此不一致，一件事、一名词应归哪类，也不一定。但在韵目排列却没有此病了。韵目的次序一定，每字属何韵又有一定。从前的读书人，没有不知道韵的，所以"因韵以统字，因字以系事。"检查起来，便觉得便利多了。如中国最大的类书，《永乐大典》，即是按这法排的。而《佩文韵府》更是清代一部最通行的依韵排列的类书。这种类书的缺点，就在不通韵的人不能使用便利。第三种是检字式，是按字典排列的。在已往，大体都是照部首法，如《辞源》即是这一类。此外尚有依岁时排列的，也有依数目排列的,也有依年月排列的,也有杂乱无章前后无一定条理的。大概看它的性质而定。

鉴定类书的要点,现在可以列举出来。

第一关于著作者或编辑人的。1. 他的学识如何? 经验如何? 2. 他所负的责任如何? 挂名呢? 还是实地做事呢? 3. 除去主干的人以外,其余襄助的人,都能胜任么?

第二关于本书的 1. 本书的目的是什么? 它重在考证,还是在词藻? 2. 它的范围是普通的,还是限于专门学科的? 它所收的材料,起自何时,止于何时? 3. 它的体裁如何,是罗列各书的原文,还是自己重行作过? 它所引用的原文,还是整段的记载,还是摘录单词只句? 4. 它的排列方法如何,便于学习,便于使用吗? 5. 它的内容是为高深的呢,还是为通俗的? 各条的文字支配,长短、轻重是否得宜? 它的记载是否正确? 引书是否详注出处? 有无错误? 它的态度是否公平,还是有所偏袒? 6. 它有无参考或引用书目? 有无图表,或别种附录? 它们的价值怎样? 7. 著作和出版的时期。倘系前人的著作,其中有无经后人修改增删的地方。

类书的功用,除了便于搜检一问题的材料或关于某字某词的词藻而外,还有一种很大的学术上的价值。有许多已经亡佚的古人著作,幸而靠着它们的称引、抄摘,使生在现代的我们得以看出古书的面目。虽然这种称引不免有些“管中窥豹,只见一斑”。但若没有这些类书,恐怕连这一“斑”也不可得见。这种功用在唐宋人所编的类书中,如《北堂书钞》、《太平御览》等尤为特出。明人新编的《永乐大典》更是逸书的渊薮。清人从它的残帙中尚辑出许多种世上不常见的书。但是明以后的类书关于这方面的价值就不大了。

百科全书 百科全书可以说是类书的一种。但类书的编纂似乎汇集前人的意见为主。而百科全书则每条都是一篇整个的著作,将一件事的源源本本叙述出来,使人对于本问题有一个全体的

18

观念。这种著作在西洋很风行。关于现代的知识不能不用百科全书作参考的基本工具，正如关于古代国学方面不能不用类书做基本参考工具一样。一部好的百科全书，在参考部中，实是不可缺少的设备。但百科全书也和类书一样，种类繁多，价值也不等。在现代编制一部百科全书，决不是一个人或十几人的学问力量和财力所能胜任。但是这类书的销路很大。有些投机的商店，用旧作改头换面假充新作。或者以无价值的材料随便编成。所以选购百科全书时，要十二分的小心缜密的检查。

鉴定百科全书的要点，可以分为三方面讨论。

甲、关于内容的　（1）是否正确？（2）是否详尽？（3）是否最近的消息？（4）撰稿人是否署名？撰稿人在他所撰述的学科内，是否一个有权威的学者？（5）文字是否通畅？是学术文，还是通俗文？（6）编辑的方法如何？材料的支配，各条的长短，是否匀称？有无侧重一方面之处？（7）本书的历史如何？编辑人和出版人的资格和地位如何？取得版权的时期几何？（8）详读本书的序或例言，看他自称擅长的各点，是否和事实相符。

乙、关于编纂体例的　（1）排纂的方法如何？（2）有无参考书目；其性质如何？（3）书中可以互相参证的地方，是否注明？（4）书末有无索引，如何使用？（5）有无地图？（6）有无插图、彩图、表格？（7）有无附录，或每年续出的增刊？（8）有无正误表？倘有以上各种东西，它们的价值又如何？

丙、关于书籍本身的　（1）纸的厚薄；（2）字的大小和配搭；（3）装订的材料；（4）印刷的精粗，以及（5）册数的多少，都是要注意的。

年鉴　有种为参考用的书籍，因为它是有时间性的，所以它必需时时增删，以求合于事实。所谓年鉴就是这种按年增删的出版物。它们的价值是能供给最近的消息。它们的成功条件，是记载正确，材料丰富，文字简赅，检查容易，校订迅速。倘能像这样，那末,这种年鉴便是我们一种强有力的工具而为参考部中必备的书籍。这种年鉴在中文中,却不很多。但在外国却着实不少。在七八年前 H. G. T. Cannons 曾做了一部《一千七百种年鉴分类指南》,据说还有未经收入的呢！何况近年来又有新的出版呢？

年鉴的性质也各不同,有杂记普通各种消息的,如 World Almanac。有偏重政治经济各方面的,如 The Statesmen Zearbook, Annual Register。有专载各种统计的,如 The Statistical Abstract of the United States, The Statistical Abstract of the United Kingdom。有专记教育界、学术界各种消息的,如 Index Generalis；Minerva 之类。有专记载时人姓名、履历、籍贯的,如 Who's Who；R. U. S. 等。又有一种年鉴专门记载一国的事情的如 China Yearbook, Statistische Jahrbuch für das Deutsche Reich, American Yearbook 等。商务印书馆所出版的《中国年鉴》也属于这类。年鉴成功的条件,照前面所说看来,是不容易达到的。编辑人的细心采访,资料的谨严,增补和删改的迅速,乃是编纂年鉴的人所必须努力做到的。然而这就非有很大的毅力与决心和很大的资本不可。像商务印书馆这样的大机关,所出版的《中国年鉴》到今年还是第一回。这还有什么话可说呢？

和年鉴可以连类并提的,就是所谓"指南"或"名录"一类的图书,如商业行名簿,图书馆人名录等。在它的范围以内,都有相当的价值。甚至如电话簿等,在某种问题上,也有他书不能及的功用。所以也是参考书的一种；虽然在中国的图书馆,还没有想到利用这种图书。

索引 将一书或数书内的重要事项,列为标题,注明所在卷页,依一定方法排列起来,以便检查原文的,叫做索引。索引对于原书仿佛是钥匙对于锁。它的功用是要使得用原书的人一查便可知道某种事项是在书里某地方。所以它最要注意正确。其次它用的排列法,即是检查的方法,要便利敏捷。其次它所列出的事项要细大不遗。倘然不能这样，那索引的价值，便要减少不小。

索引可以分作三种：（1）专书索引，（2）专类索引，（3）普通索引。专书索引是专为一部书用的。这种索引通常都附在原书的后面。间或也有独立单行的。在西洋的现代著作，除了纯文艺外，差不多都附有索引。近来中文书内也渐渐的有了。

专类索引是专为某一种问题或某种学科的材料而编制的。它所收的材料，不止在一书之内。但是它的范围却以有关于本问题者为限。凡与这个问题无关的便不收入。如最近中华图书馆协会所出版的《国学论文索引》，就是以国学为主的一种专类索引。这种索引对于研究专门学术或问题的有极大的价值。因为有了它，便可以"按图索骥"，去搜集材料。它仿佛是山林中的领路人。节省我们的时间，指点我们的方向。若没有它，我们便不免彷徨歧途了。

普通索引的取材不限于一书，也不限于某种问题。在理想上它可以成为一切书的总钥匙。在实际上它是若干常用的书的领导者。例如我们看《日知录》，《十驾斋养新录》时，我们觉得其中的材料非常重要；但是等到要应用其中某条时，又记不起在什么地方了，倘若有人能将这类本身没有系统的书，通常叫做笔记札记的，汇集起来，编一个总索引，使我们一开卷便可知道各书内关于某事的记载在什么地方，那我们研究学问时要省多少工夫呵！

普通索引因为选材和编辑的烦难，成功的很少。但是其中有一种已经到很发达的地位，极受人欢迎的，便是杂志索引。

杂志索引　我们都知道杂志对于学术的重要。我们也知道学术界最近的成就，最新的消息，都先在杂志上发表。但是我们更知道在杂志里寻材料的困难。每一期杂志总有十几篇文字，而每一种杂志往往出到数年，乃至百余年。在这盈千累万的文字中，要查出关于某问题的文字或是某作者的著述，那虽不同于沙中检金，但也差不了多少了。杂志索引便是救正这缺点而起的。有了这种工具,然后搜集材料的工作才易于着手。杂志索引也有几种:(1)专为一种杂志的,通例杂志每卷结束时都附有本卷的索引。又有将数卷合编一索引的。(2)专门为一种学术或问题的。这是从各杂志中采取关于某问题或某学科的材料编成的。(3)普通杂志索引。这是选择社会上最流行的杂志若干种,将它们的内容完全编成索引。因为既不是专限于一种,又不限于一方面,所以它的用处最大,最受人欢迎。这种索引在我们中国还没有通行。只最近《人文月刊》里,每期载有这种索引。我们很希望它的发达而臻于圆满的成功。在西洋却有好多种。其中编辑最完善最流行的,是美国纽约 H. W. Wilson 所出的 Readers, Guide to Periodical Literature;Agricultural Index 等索引。有每月的索引,有每季的汇编,有每年的汇编,有每三四年的汇编。而一篇的文字,可以在著者名字下寻着,可以在文字的篇名下寻着,更可以在各种类名或标题下寻着。每条之下都注明原文的篇名、著者,以及在某杂志某卷某期某页至某年某月某日出版。

杂志的索引的选择　选择杂志索引时应注意下列七点:(1)取材的种类;(2)取材的多少;(3)所取材料的起止时期;(4)所取材的各种杂志的内容是否完全编入索引,抑或有所选择;(5)索引的编纂方法,并注意同一文字可以在几处找着;(6)排列和检查是否便利敏捷;(7)记载的事项是否正确无误? 根据这几项条件去审定一种索引,它的价值不难断定了。

目录　参考部中不能少的工具的又一种,便是图书目录。关于目录的性质功用等等,我们以后要专章讨论,在这里我们只能指出它对于参考的价值。所谓目录,本是图书之系统的叙述与记载。目录有三大类:一种是就某人或某机关所收藏的图书而编录其名目的,英文叫做 Catalogue;一种是以著录一切或一种图书的名称为主,不限于某人某机关所收藏的,英文叫 Bibliography。这两种区别在中文里,似乎没有相当的名称,姑且称前者为收藏书目,后者为知见书目。又有一种由书店发行的,大约以本店所出版或经售的图书为主,称为营业书目。依据营业书目我们可以知道关于某问题有某书发卖和发卖的机关与价目。这是营业书目和前两者不同的。知见目录又可依它的性质分为(1)国家目录,(2)著述目录,(3)普通目录,(4)学科目录四种。国家目录是某国出版的图书,或关于某国的图书,或用某国文字所著的图书的总记录。著述目录是某人所著书或关于某人的图书的记录。普通目录是一切图书的总记录,不限于一时一地或一人的著作的。这种目录的野心最大,自有人类的著作以来,任何的作品都当在其中占一个地位。因此一部真正完全的普通目录,是永远不能成功的。现行所谓普通目录,都是一种"有志未逮"的作品。学科目录是关于一种学科或问题的图书的记载。任何的问题都可以成为一种目录的题目。就研究的便利上看来,这种目录的功用最大。

目录与参考部 就参考部的立场说,所谓目录,就是关于任何问题的图书的记载,利用它们可以知道关于一问题有些什么书,各书的价值怎样,内容大概怎样,现在收藏在何处,以及关于本书的批评和历史等等。若是编目之时,记录详确,而且附有提要,那它对于参考部的功用更为增大。墨奇女士曾说:在大学图书馆中参考部所遇的咨询问题,有百分的五十以上,是非用目录不能回答的。在有程度的阅览人所问的问题,更有百分之八九十是要利用目录的。就在公共图书馆中也是如此,尤其是那些专门于科学或工艺等的图书馆。在小图书馆内自己的目录不很完备时,更有赖于知见目录来指出分析的款目。至于利用目录来校正引书的名称,著者的姓名,出版的时日,版本的变迁,那更是常有的事。所以参考部员应有关于图书目录的知识和运用它们的技能。

选择目录应注意之点 目录既然有这样的重要,审查的时候应当十分仔细。下列几点,是可以注意的。

一、编纂人是专门的学者,抑是有训练的目录学家,抑是偶然从事于此的。

二、目录的范围是著录一切的著述呢,抑是有选择的著录? 图书的文字有无限制,时期有无限制,地点有无限制? 所收的著述是专限于书籍、图画、小册、短文、手稿、官书的一种或数种。

三、体例与本题是否相称? 它的排列是依字顺的,分类的,时代的,地理的,还是混合的? 书籍、杂志、诗歌、小说等文体上的区别,是否保存? 书末有无索引,其编制如何?

四、每条的记载是否详备?

五、有无解题? 如有,是批评的,抑是提要的?

六、注明收藏地点否? 注明价目否?

七、其他附录等各事项。

地图 威尔博士(J. E. Wyer)说:字典、百科全书和地图,是参考部的三块础石。这可见得地图的重要了。古人读书本有左图右书的话,何况讲到方舆地位的时候,怎能不要图呢? 但地图的功用全在准确,所以选择的时候非常要小心。我们应当注意(1)它的出版日期。用欧战以前出版的地图,来讲说现在国际间的形势,是没有用处的了。(2)比例尺的大小。(3)有无索引? (4)有无插入的附图? (5)所用字模应细小而清晰。(6)除地图以外,有无解说? 是否可靠? 人口物产等统计,是否包括在内? (7)印刷和编辑人的资望经历如何? (8)地图的性质,是政治的,历史的,地质的,经济的等等。一本精确而详细的地图,在参考部有意想不到的许多功用;尤其是对于史地和现代政治一类的问题。

期刊 普通参考书中最末,要谈到期刊了。期刊就是分期刊行的刊物。它本来不是为参考用而编纂的,但参考部却缺不了它;所以我们也将它列入参考书内。这类的书包括新闻纸、杂志、公报、学术团体的出版品,各机关的常年报告,和各种年鉴。照这所说的看来,便可知道这类参考书的价值在供给我们最近的消息。再则此中所有的材料,很多是不见于书本的。在小图书馆内书籍不多,更要靠这类的记载补充它的材料。并且在这种记载内可以看出一件事发生时,当时人的意见。所以充分利用这类材料,实系参考部的一种必要方法。尤其是关于最近发生的事实。

搜集材料的步骤　参考书的性质既大概明了,然后可以搜集材料。第一,先要确定题目的范围,这是最要紧的。有些问询的人,往往因所要问的事太小了或太平常了,觉得不好意思,而借一个大题目来问的。例如有人问"你有关于中日战争的书吗? 你能告我以它的经过吗?"但是他所要知道的,只是中日宣战的日期而已。你若信以为真的,替他寻许多中日战争的书,岂不是白费事!又有些人所问的问题非常含混,如"你们有讲英国的书吗? 有古代风俗的图吗?"其实他所要知道的,是英国政府的组织法,或古代中国人的衣服。所以参考工作的第一步,是要认清题目的范围。为了弄清楚这一点起见,不妨向问讯的人盘诘清楚,以免劳而无功,或甚至要使他失望。第二步便是检查普通参考书,如字典、类书、百科全书之类,除非确实知道在别种专门书中更容易寻着。这类的书往往含着极隐僻和意想不到的材料,寻常的问题多半可在此解决。就是较为深造的问题,也可借着这些书的指导,去找别的书。其次便是检查各种书目和索引。再其次,便是据书目和索引的记载去寻查本书。

这样寻获的结果,应当随时记录下来。记录的形式最好用卡片。上面先写明题目,再记明问讯人的姓名和时日,再将曾经查过的各书,一一记下。无论其中有无和本题相关的材料,都要记载明白,以免将来又去重查。那些无材料的,可在书名前作一记号,以作区别。然后再将所查得的结果,无论是答案或是书目,开列下来。倘若是书目,便须将著者、书名、版本、册数,于必要时,并且将答案所在的卷页详细注明。末了,自己署名以示负责。倘若是抄录书中文字,便须将原书名称、著者、版本及文字所在卷页详细注明,以求记载翔实。这种记录,除应付问讯人外,应当自己留一份。

这样累积起来,便成为参考部的宝库。遇必要时,就可向其探讨材料了。

参考部员的训练　由上面所说看来,参考部员的资格和训练是不可轻忽的了。在许多图书馆中,参考部管理员都是大学毕业生。因为这样对于学术方面才能有相当的根柢。但同时还要有图书馆学的训练,因为这样才能了解图书馆的组织和方法,才能运用图书而生效果。在性情方面,他要和蔼而安详,并肯乐于为人指导。他要有循循善诱的才能和诲人不倦的精神。他要有丰富的常识,敏决的判断,和随处留心的习惯,尤其是他对于馆内的参考图书,乃至普通图书的情形,都要熟习,才可以应付各方面。所以一个好的参考部员,不是一天所能养成的呵。

然而参考部的成绩,却不能全靠参考部员的努力,参考部所遇见的问题,非常复杂。决不是参考部员所能完全知道的。在这时候,他不能不请别人帮助。所以全部馆员都应负有参考之任务,尤其是选购和编目两方面,更当特别的协助。

参考部在图书馆中的地位　前面已说过,参考部是为谋阅览人读书便利而设立的。它是阅览人的顾问,是阅览人的指导者。所以图书馆与阅览人发生密切关系的部分,外界多拿这部分的成绩,评量其图书馆的好坏。在外国一般人对于图书馆的信仰,对于图书馆效力的认识,多由于参考部的努力而来。他们社会上的人,受了参考部的益处,所以相信图书馆确实是一个为社会节省金钱和精力,而谋幸福谋便利的机关,所以图书馆能一天一天的发达。而它的影响也一天一天的加大。参考部在图书馆中的地位,可以概见了。在我们中国图书馆中,举办参考事业的,竟可说绝无仅有。也难怪图书馆的功用不彰明了。这或者是我们所应该努力的方向罢!

问题

一、在你的读书经验中,曾遇见困难,不得不请别人解释的吗?假使有个图书馆能帮助你解决这种困难,你愿意去问吗?

二、图书馆为什么要设参考部?

三、参考部怎样可以和阅览人发生更密切的关系?

四、参考部的任务为何,试详述之。

五、试调查你所在地的图书馆有没有所谓参考部的事业?如其有,它的成绩如何?如其没有,是因为什么缘故?

六、假使有人请你搜罗汉朝官制或十来年中俄外交史的材料,你如何着手呢?

参考书

一、洪有丰:《图书馆之组织与管理》 第六五至七六页

二、沈学植:《图书馆学 ABC》 第五四至七五页

三、杜定友:《几部重要参考书》 见《复旦》一卷第一期

四、朱家治:《图书馆参考部之目的》 见《新教育》五卷一号

五、杜定友:《图书管理学》 上海中华 第九课——第十四课

六、Mudge:Guide to Reference Book. A. L. A., 1928.

七、Minto:Reference Books. Grafton. ,1929.

八、Wyer:Th Referenee Work. A. L. A., 1930. 有译本见《图书馆学季刊》第五——六卷

第三章　图书的阅览与推广

出纳之意义　前面说过,图书馆的最大目的在于图书的使用。使用的方法可分参考和阅览。所谓出纳,就是指着阅览图书时,依一定的规则借贷和归还图书的方法,所以出纳是图书馆很重要的任务。图书馆能否在社会上发生影响全在出纳是否得法。在普通情形之下,图书馆中阅书的比问讯查考一件事情的为多。所以出纳比参考还重要。它和参考部的事情一样,是图书馆与民众接触之点,民众往往拿出纳的得法与否来评定一个图书馆的价值。我们可以说出纳是图书馆的目的;一切购置、分类、编目等工作都是达到这目的的手段。若不能达到目的,手段虽好也没用。

出纳方法应注意之点　出纳既是这样的重要,所以它应当注意三点:(1)要敏捷,(2)要正确,(3)要手续简单。敏捷可以减省阅览人的时间,也就是节省自己的时间。我们要能在阅览人需要某书时以极短的时间取来给他。倘如这书已有人借去,便要能立时这样回复他。若是令阅览人等得心焦,那如何可以称为便利呢?然而假使快了,却往往弄错。要《旧五代史》,你给他《新五代史》,要《中国哲学史大纲》卷上,你却给他一本《西洋哲学史纲要》,那有什么用处。况且张三借的书不能记到李四的帐上,十五应还的书,不能算作十六的日子,这些都是显然应当注意的。所以第二要点便是正确。至于简便的重要,更用不着说了。

出纳必备的记录　为达以上目的起见,我们应当有种种记录:

28

（一）表示每日借出之书和借者姓名；（二）表示每日到期应归还之书和借者姓名；（三）表示每人所借各书的名称和借出或应当归还的日期；（四）表示某书是否借出和为何人所借的记录。在事实上第一和第二两种只需一种便够了。因为表示出借日期的记录同时可充归还日期的记录；反之，亦复如此。例如某图书馆规定图书借出时间为两星期，那么一日借出的书便应十五归还；应当十五归还的书便是一日所借出，所以这两种记录只须一种便够了。这种记录称为日期记录。第三种表示每人陆续已借出些什么书，何日借出，以及何日归还，这叫做借者记录。第四种是以书为主体的，例如有人来借鲁迅的《呐喊》，如果这书已经借出，我们便应当靠着这种记录告诉他以什么人借去，何日借出或何日应当归还。这叫做图书记录。在出纳手续完全的图书馆中，这三种记录——借者、日期、图书——是不可少的。

出纳的种类 但是出纳的手续却因为出纳的种类而有可以省略的地方。出纳可分两种：（1）馆内阅读，（2）馆外阅读。馆内阅读即是阅览人只在馆内阅览他所借的图书。阅过即行交还。馆外阅读，即是可以将图书借到自己家中来阅览。就图书馆的功用说：完全的图书馆是兼有这两种阅览的性质的。但也有很多的图书馆限制阅览人只准在馆内阅览，无论如何不许借出馆外的，这种专办馆内阅览的图书馆，在出纳方面比办馆外阅览的省事得多；例如日期记录，借者记录都可省去。我们下面所讨论的是就馆外阅览的出纳说的。若只许馆内阅览便有许多地方可以省去。

出纳的设备 出纳既须有种种记录。如果每项都待临时制备那便不合我们简单和敏捷的原则。所以都要事先预备好。

（1）书卡 每书或每部书一张。书卡的格式因为各种出纳法而有不同，但最正确而便利的似乎是下面那个样子。

这张书卡，左角所记是这书的索书号码；右角是登录号码（此号码也可记在第三横行）。中间是著者和书名。平时放在书内，有人借这书时,将它抽出,交给借者签名其上(也有不由借者签名的)。然后依索书号码以次排列起来(也有依登录号码排列的,似乎不很方便),这就成为图书记录了。等到书还来时,依着索书号码将这书卡检出,查对分类、登录各号码是否和书相符,然后将归还的日期填上,将书卡归入书内。这就表明借者已经将这书归还了。在借出时期,如有别人也要这书,我们在图书记录内依着号码一查便可知道,是什么人借去的了。

第一图 A　书卡

120.9	胡适	10825
62	中国哲学史大纲卷上	
部2		
借出日期	借者姓名	归还日期
十九,四,十一。	张伟	十九,四,二十。
十九,五,一。	陈春和	

第一图 B （两面用） 中文书卡

		书名		
		著者		
卷	册	借者姓名	借出日期	归还日期

　　金陵大学图书馆所用的中文借书单可以填明卷册。对于大部头的中文书,似乎很为便利。可以每部一张卡片,不似西书每册一卡。如用这法,须把所有的书卡依索书号码,排列在出纳处。借书时依索书号码查出这卡,依法填好,仍然放入原地方。还书时也照此手续。书内的书卡和书袋都可省去。杂志,无论装订成册或散本,如许借出馆外时,金大所用的格式也有确实便利的地方。

第一图 C （两面用） 杂志卡

Volume and Number	Date of issue	Borrower's Name	Date loaned	Date returned
				(Over)

（2）书袋　这是盛书卡用的，通常粘在书背里面，式样也很多，姑且举出两种作例子。斜角式简便而经济，最合小图书馆之用。但有时其中的书卡会逸出，所以不大方便。

（3）日期单　其式如第四图，它是表示借出或应归还的日子，以便提醒读者使他不能忘却。通常用薄糊粘在和书卡相对的书页上。用薄糊的意思是为便于用完时更换。有些图书馆不用这种日期单，但在施行罚金制的图书馆以使用为较合理。

第二图　书袋

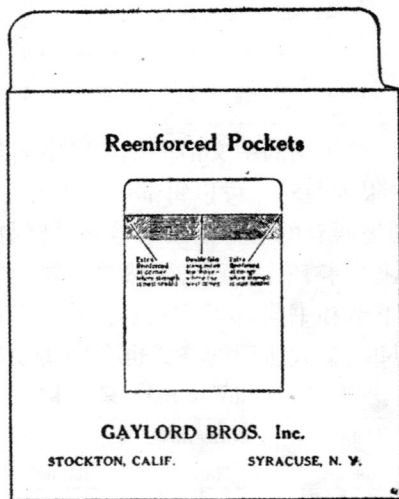

Reenforced Pockets

Extra Reenforced at corner where strength is most needed.　Double fold giving extra wear where strain is most felt.　Extra Reenforced at corner where strength is most needed.

GAYLORD BROS. Inc.

STOCKTON, CALIF.　　SYRACUSE, N. Y.

第三图

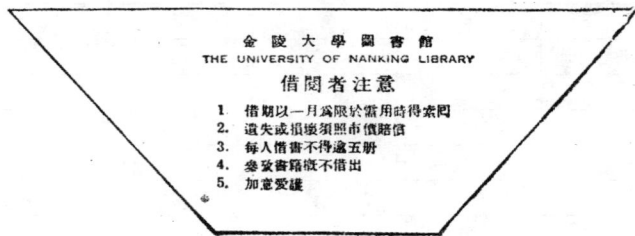

金 陵 大 學 圖 書 館
THE UNIVERSITY OF NANKING LIBRARY

借 閱 者 注 意

1. 借期以一月爲限於需用時得索閱
2. 遺失或損壞須照市值賠償
3. 每人借書不得逾五册
4. 參致書籍概不借出
5. 加意愛護

第四图　日期单(一面可用)

应　还　日　期 Date Due		

　　(4)借者卡　其式如第五图。这是以人为单位的。上面所记是这人的姓名和注册号数。这人来借书之后,即将所借书之号数和日期填入。图书归还的时候,将书卡取消归入书内以后,就依书卡所载的姓名检出借者卡,在那书名下,填入归还日期。这种卡片通常依姓名笔画排列。但如果书卡上不填借者姓名而只填注册号数时,那么,借者之卡一定要依注册号数排列。这就是借者记录和图书记录互相为用的地方。

姓名		登记号	
住址			
借书证满期年月			
借书日期	书	号	归还日期

　　(5)索书券　这是为借书人临时填就,交给管理员检书的。其式如第六图。这里所填务要准确。借书人签名尤其要清楚。当管理员将书检出交给借者之时,有两种办法:(1)将书卡取出,令借者再行签名其上;(2)书卡上借者姓名由管理员代填(或填入注册号数),即以索书券为借书凭证。书借出后,即将索书券依借出日期或应行归还日期排列,这就是日期记录,到期不还便可去信催促。书还来时,先依索书号码寻出书卡,由书卡寻出借者卡和日期记录中的索书卷,或由书中日期单直接先检出索书券。通例将索书券还给借者作为他已还此书之证。

索书号码	每单索书一本下列各项请用正楷详填		
	著者		
	书名		
请勿在此线左旁书字	卷　　　册　　　或　期		
	日期	上午 下午 问间	
	借者署名		
	注意	此单专作索书之用取书时无论在馆内阅览或携出馆外均须向出纳处另行署名 金陵大学图书馆索书单	

（6）借书证　但是管理员如何知道来借书的人是合于借书资格的呢？于是借书人必先请求借书权利,举行登记。注册时即由馆发给一种借书证。交借者保存,凭证借书,它的式样也很多。下面一种(第七图)较为通行。如用此式,可以省去书内的日期单。此证用法:借书人在借书时交给管理员,在应还日期下注明;到归还时再由管理员注明归还日期。

出纳手续　出纳的手续在只许馆内阅览者比较简便;在容许馆外阅读者较为复杂。

（1）馆内阅读　(一)阅书人照章请求;也有不需此手续的。(二)填就索书券。(三)管理员依券取书,将书给阅览人,但保存索书券备查,如用书卡者,必同时将书卡取出,以防流弊。这是借出。(四)阅毕将书交给管理员,同时管理员即须将原索书券检出注销。也有将注销之券交还阅览人以为还书之证。这是还书,此外无特殊的手续了。

第七图　借书证(两面用)

姓名		登记号	
字			
住址			
借书之时必须出示此证			
此证至　　　年　　月　　日满期			
应还日期	归还日期	应还日期	归还日期

(2)馆外阅读　(一)阅览人照章请求。(二)发给借书证,凭证借书。(三)填就索书券。(四)管理员将书取出后,必须请阅览人在书卡上重行签名,然后便可把这书交给阅览人携出馆外。同时管理员必在日期条或借书证上加盖日期戳。这是借出。(五)管理员将某阅览人所借书填入借者卡;然后将书卡依著者书名或索书号码排列;将索书券依日期排列,这是记录。(六)归还之时,先依书名、著者或索书号码查出书卡,注销。然后依日期查出其索书券,注销,或还给借者;再依借者姓名在他的借者卡上注销所借的书。

这种办法在图书馆学术语上称为双卡制。手续虽然麻烦,但最准确而便于检查。不过有些图书馆因为它费时间而略有变通的。如书卡不用借者亲自签名,或归还时先依日期查出索书券,而将注销书卡等事留待晚间工作的。变化颇多。此外有所谓单卡制,布朗氏制等等,用者不多。

阅览统计 阅览既是办理图书馆的目的,所以阅览统计是必要的。一方面可看出图书馆的用途,一方面可作选购书籍的一种标准。这种统计可分(1)每日统计,(2)每月统计,(3)每年统计,(4)分类统计等等。

特种阅览 图书馆中有许多书因为事实上关系,不便和普通书疲藏一处或和普通书用同一阅览方法。所以有特种阅览室的设置。例如因阅览人的性质而特设的有儿童阅览室,也叫儿童图书馆,和盲人阅览室等。又有因图书性质而特置的,如杂志阅览室,报纸阅览室,地图阅览室,善本阅览室,参考书阅览室等。这些特殊阅览室在管理方法和阅览手续上都有和普通阅览不同的地方。

书库公开与书库不公开 在出纳方法中有一最值得注意的事,便是书库公开或不公开。所谓书库公开,即是阅览人能自由出入藏书的地方,自由任意翻阅书架上的任何书籍。不公开制就是不许阅览人进入藏书的处所。要借书的只有就目录检查。从阅览人方面看来,自然以公开制为最便利;但是就图书馆管理方面说,公开制的管理实比不公开的费事不止十倍。在藏书众多、规模宏大的图书馆尤其困难。至于阅览人的人品不齐,或把图书的次序任意翻乱,或竟把书带走,那更是要格外注意的了。但是图书馆终究是以便利社会为目的,所以许多大图书馆都另辟几间公开阅览室,将最常用、最流行的书陈列在内,任人自由翻阅。其间虽不免有损失,但读者也得着不少便利。总之,书库能否完全公开,这责任不完全在图书馆方面,而在社会方面的许多人能否维持公共的秩序,遵守公共的规条,保持公共的道德。图书馆能否成为理想的,全在社会上能否和它协作。

阅览室管理员的任务 阅览室的管理员应当和蔼的指导阅览

人,帮助他检查所要的图书,维持阅览室的秩序,执行阅览的规则。有时须能作简单的参考工作。所以他必须明了馆内各部的情形,尤其是目录的构成和使用法。他是图书馆对外的代表者。普通都以他对待阅览人的态度,定图书馆工作的优劣。所以他当深刻地认识自己地位的重要。

图书馆推广 图书馆的效用如何可以达到社会的全体,是图书馆所应当时时自问的。于是有图书馆推广运动,这是图书馆学中值得特殊研究的。此处只能举出最通行的方法而已。这些方法虽有不同,但其目的却是一致的:就是在可能的范围内,将图书送到极便于阅览人携取的地点。分开来说约有下面几种:(1)分馆,是由本馆分出的,是个具体而微的图书馆。(2)寄存所,是由图书馆将图书寄存在某地方,托它代为管理的。这种地方以学校为多。这类图书有的按一定时期更换;有的永远不换。(3)代办所,也是委托别人经理的,通例代办所并无图书。阅览人要借某书时,填就一定的单据交给代办所,由代办所通知总馆,总馆即派人将书送到代办所;而借者于填就单据后,隔若干时即可到代办所取书。(4)巡回文库,这是由图书馆选择若干种书,按期送到各小地方供人阅览。每隔若干时又到另一地方,巡回往来,是专为路远不能到图书馆去的人们设的,在极发达的形式中,这种文库是装在轮船及火车上的。这舟车按每周或每月一定的日子到某地,到时,某地的人便可将书借到家里去看,等下次舟车来时,再行归还或另换他书。倘或要借一本巡回文库里所无的书,也可托舟车管理员于下次带来。这样差不多将图书送到你的门口来了。所以对于农人或农村居民是很便利的。(5)邮递:这是用通信借书。图书馆对于借书的人有极大的信用。所以受这样优待的人,应当时时自己顾全信用。

结论 总之,出纳是图书馆中对外最重要的工作。它的方法虽因各地的情形而有不同,它的宗旨却极其一定:就是使图书在社会上发生相当的影响。图书馆推广虽和出纳法不完全是一事,但

38

因为它是谋社会上大多数人阅书的便利而起的,所以也可说是出纳法的引申。在图书馆组织方面,这类的事通常也归流通部管理。

问题

一、图书出纳的手续如何,试详述之!

二、图书出纳时所必需的用品是些什么?

三、图书馆中的出纳,照例应当造成统计,有何用处?

四、我们能否根据图书出纳的多寡,断定图书馆的效用?理由何在?

五、对于不守规则的阅览人应怎样办理?

六、我们怎样能使阅览人的数目加增?

七、图书馆推广用些什么方法?

八、图书馆阅览部员的责任如何?阅览人对于图书馆的责任又如何?

参考书

一、洪有丰:《图书馆组织与管理》 第十四章

二、杜定友:《学校图书馆学》 第一五九至一六四页,又一七一至一七三页

三、杨昭悊:《图书馆学》下 第二七二至三〇八页

四、曹溶:《流通古书约》 《藕香零拾》本

第四章　图书的分类

图书分类的必要　图书馆的目的在使人以极经济的方法使用一切图书。但是馆内图书极多,若没有一种一定的排列方法,那使用的时候,必发生许多困难,因此,图书馆内的图书必须分类排列。图书所以必须分类可分两方面看。先就对于管理方面说:第一、有了分类法,图书易于排列顺序;第二、出纳时容易检取又容易归还架上;第三、参考图书时,因为同类的书集中一处易于检寻;第四、点查时易于稽核。再就对于读者方面说:第一、心中欲研究某问题而不知用何种书者可因类以求;第二、同类的书既集中一处可由此书而引及他书;第三、同类的书既经集中,那么欲找某类的书便可一索而得,节省不少时间。所以图书馆内必定要有适当的分类法。分类法定,然后图书可以依其种类而排列。凡性质相近的,位置也必定相近。然后才能得到检查上的便利。

图书分类的意义　什么叫做类?便是一群在某种性质上相同之事物。这个相同点便是这一类所以和别一类区分的;我们叫它做类的特征。有这个特征便属于这一类;没有,便不属于这一类。所以这个特征也可称为分类的标准。但是一类之中的事物很多,固然都具有这个特征,然而彼此间相异的地方也还不少。于是我们就着这些大同而小异的许多分子中间,再将于某一点上又相同的,集为一个小类,附属于原来大类之下。因此,一大类往往可分为数小类;而小类之中又可再分。像这样层层推演下去,便成为分类的系统。所谓图书分类,就是将图书根据某种特征或标准而排列之,并且表明各类间之系统的关系。

图书分类的研究 所以研究图书分类可以分为几个问题,一、图书分类的标准和原理是什么? 二、根据这原理产生的分类系统是什么? 三、某种系统如何应用到图书上去? 四、运用这系统的人有无错误? 前两问题是理论的;后两问题是实际的,而末了一问题更是考察某一个图书馆实际上所应注意之点,非本书范围所及,故不讨论。

图书分类的标准 图书分类应当以什么为标准呢? 我们知道分类标准必定要是事物的主要属性,不可为偶然属性。例如书籍封面的颜色便是偶然的属性。同一的书可以有不同的颜色,而且改装修补之时,往往也改变颜色,所以不能作为分类的标准。我们又知道分类标准应当一贯而不可两歧。如决定所有书籍第一步以形式大小分类,那就在这一步上,不可再顾到它的内容或颜色。我们又知道图书馆的目的在于图书的使用,图书分类是实现这目的的一种方法。因此,图书分类多以它们内容的性质作分类的标准。因为同性质的书多半同时被人需用,而且性质不是偶然的,常变的,只要我们取的适当,也不会两歧的。所以在图书馆中书的内容是讲哲学的便归入哲学;是讲儿童心理的便归入儿童心理学。换句话说:便以学术的分类作为图书的分类。这种分类标准称为论理的标准,但是书籍的价值有时不在其所论之事实而在其内容所藉以表现的形式。如小说诗歌等,它们的内容或是历史上事实,或是社会上的琐闻,或是个人的想像。但如我们若将它们看为历史或传记,那就失去它们的真义,和真价值了。又有一些于各科学无不涉及,而又不便于置于任何科学之中的,像百科全书,普通类书等。若不设法位置,那便无类可归。所以图书的分类,虽然以学术的性质为主,但同时不能不顾及著述的体裁。因此体裁也是分类标准之一。此外也有以著述所用的文字分类的,这是语言学上的标准。又有拿著作人的国籍或出版地点或所论之地点分类的,这是地理上的标准。又有拿著作人的时代或出版时期或所讨论的时代分类的,这是年代上的标准。在西洋又常有用书名或著作人姓名的字母作排列顺序的,是为字顺的标准。这六种根据,在图书分类时都可以使用。但绝对不能在同一步骤或阶段上用一种以上的根据。通常现代图书馆内所用的都是以论理的标准为根据,而于分析子目时详细考察各类所相宜的,择取其他标准为第二步、第三步的根据。例如杜威十进分类法即系基于论理的标准的。但在文学类则采用语言的标准分为英文文学、法文文学等。而在英文文学中又采用体裁为第三步分类标准,分为诗歌、戏剧、散文等类。在每类中又分为前后数期,这是第四步,以年代为标准的。这样推演下去,每一次的分类必有一个标准。这样便成为分类的系统了。系统既定,然后将书籍审定性质,依其门类而排列之。于是我们知道了它的门类便可知道它在图书馆中的位置了。

分类号码和索引 分类的系统就是极其详细,分类标准就是极其完善,但是若不能在图书上标明出来,那检查的时候仍然和未分类时一样的困难。为什么呢? 人不晓得某类在先,某类在后呵!所以便有人在图书上记明某部、某门、某类、某纲、某目的名目。这样不但繁重不能醒目,并且仍然不能明白表示各门类纲目的先后次序,因而依旧不能立时知道某类书所在的地位。所以要求一种简便的方法,最好是用一种符号来标明它,然后依着符号去找便容易了。这种符号就是所谓分类号码。每一类或目都有它的相当号码,作它的代表。这种号码编制的原则宜简要醒目,又要能表示一定之次序,又要能便于记忆。还要遇有在旧类之间插入新类之时,号码也当有随之增加之可能。在旧式分类法往往没有表示类属的号码;而现代图书馆中所用之分类法则多有之。它们的组成或用干支,或用字母,或用阿剌伯数字,又有用二种混合组成的。凡用一种符号组成的称为单纯号码。用两种以上的称为混合号码。通常以单纯的数字号码为最简单易于记忆。但以数字及他种符号组成之混合号码,若组织得宜,也颇便利。如杜威分类法及著者之《中国图书分类法》都是单纯号码,而美国国会图书馆和我们国立北平图书馆所用的分类法就是混合号码了。

分类的系统既有号码表明,但是只知道一个类名,尤其是小类名而要知道它的号码,那就要靠着索引。这种索引将各种门类纲目的名称,依一定的顺序——例如部首前后或笔画多少,或依字母顺序——排列起来。每名之后附以相称号码,故检得类名即可知其号码,更可推广此意,凡可以作为类名的,即使本表表内未曾使用,也可编入,并附其相当之号码。那对于分类工作便有莫大的便利了。

完善之图书分类法 由上面所说看来,完善的图书分类法,必定要有下面几个特点:(1)分类必须合于论理;(2)所用标准,在每类的每一阶段中,必须简明和前后一致;(3)分类系统必须详细,而每类名的意义尤其要清晰,不可含混;(4)须有随时扩充的可能,否则不能随学术的发展而进步;(5)须有简易明了的符号;(6)须有适当的索引。

几种重要的图书分类法 图书分类因为和学术的研究有关,有人说:图书分类是研究学术的锁匙;所以无论在中外都有很悠久的历史,而在现代图书馆运动兴起以后,新出的分类法更多,要想一一的介绍和批评,断非本书的篇幅所能容纳。现在只能就在现今图书馆中占势力的几种稍微介绍一下。至于详情只好请读者去看他们的原书了。

甲、西洋的分类法 西洋的图书馆凡是历史悠久一些的,差不多都有它自己的分类方法。但是最通行而占有国际性的,不能不算杜威氏的十进分类法。杜威(Melvil Dewey)把学术分为九部,连总论为十部,部分十类,类分十纲,纲分十目。依学科性质上的需要而推递到十几层之多。每类都用数字代表,数字也依十进的原理。所以每字都有相当的意义。例如一七三,一,代表哲学,七,代表哲学部中的伦理学,三,代表伦理学中的家庭伦理。又如八九五·一,八是文学,九是其他各国文学,五是亚洲,一是中国。所以八九五·一是中国文学。所以很便于记忆。而且因为它分类阶段很明显,所以小的图书馆可以单用到第三段,而大图书馆可用到七八段。或于书少之类用到三四段,而于书多之类用到七八段,其间伸缩变通很可自由。此外尚有很详备的索引。因此,美国的图书馆甚至欧洲和中国日本的图书馆都欢喜采用它。然而它的缺点也未尝没有。例如每类都分十个子目,这就未免太涉牵强;而况类目的系统上也有许多不合科学原理的地方。再者,分类越细,符号越长,检查时未免累赘。

美国国会图书馆分类法,便是要想免去杜威的毛病的。这法也以学术为分类的主要根据,凡分二十大类。第一、二步用字母做符号,此下用数字作符号,但以四位为限。此法分类极细,它的全书尚未出全,已出者有二十巨册,每册都附有索引,但没有总索引。它的号码编制颇为复杂,严文郁君说的颇详,读者可以参看。

总之国会图书馆的分类法极详尽而合于科学,但因它太详了,在小图书馆反觉繁琐。在中国除了国立图书馆和几个大学图书馆外,采用它的不及杜威的多。至于美国的克特氏展开分类法,英国布朗氏的主题分类法,虽在本国各有相当势力,但在中国尚未发生影响,姑略而不述。

乙、中文的分类法　中国图书的分类法的历史很为悠久,在汉代刘歆的《七略》里已有了基础。但是在后来占势力的却是所谓经、史、子、集的四部分类法,尤其是清朝乾隆年间修《四库全书》时所用的分类法。这法将一切图书分为经、史、子、集四大部,部各分类,类或分属,只此而止。没有号码作检查之助。这虽是在中国学术上很有权威的分类法,但在今日已不合用,不说别的,单就近日输入的西方学术便在其中无可位置。于是在中国图书馆中应用何种分类法便成为一大问题。在此问题之下有四种趋势。第一、将新兴学科勉强归入四库法中间。在清末民初时，这种现象很著，如从前的南通县立图书馆，如丁氏八千卷楼书目都是。然而太牵强了，所以不能成为普通的办法。第二种趋势，便是将图书分作新旧两部分。旧的用四库分类；新的多半自造的或采用西洋的一种分类法，但不久又有人发见新旧的标准没有什么明确的界限。而且同样性质的书——如中国历史——分置在新旧两部，于研究检查都不便利。于是以研究便利为立场，毅然采用西洋的方法，特别是十进分类法，来分类中国的图书。这是第三种趋势。然而这种办法的不适用，正与第一种相同。因为中国图书许多不是在现代所谓科学系统之内的，勉强容纳下去，正如所谓削足适履。所以最近的趋势是偏于创造一种新的分类法。前年中华图书馆协会第一次年会也认此为他们事业的一种。在这方面最先努力的是沈祖荣、胡庆生两先生。而在现在有专书出版，并且有相当影响的便是杜定友先生的《世界图书分类法》，王云五先生的《中外图书统一分类法》，和著者的《中国图书分类法》。王先生的方法只是就杜威的分类法而加上一些关于中国的类目。表面看来似乎简便；实际运用，殊嫌繁重。至于紊乱类属的系统，违反分类原则的地方很多，那更是他理论方面的缺点了。杜先生的方法和王先生有一相同点，就是目的在应用于一切文字的著作。杜先生虽然采用杜威的地方也不少，但是曾经一番改组的工夫，较杜威原法确有许多改进的地方。不过若专用于中文图书，那就不免于偏倚，因为其中有许多类目在中文方面差不多没有，或只有极少数的书。如外国文学和外国史地方面都如此。著者的《中国图书分类法》是专以用于中国书籍为目的的分类法，虽然也可用于少量的外国文书。对于新旧两方面类目上，很费了一点斟酌，也最不被杜威分类法所拘束；不过有些人仍以为它离开旧有的办法太远，因为在形式上很近乎十进分类法，而所用类名也偏于近代的名词。但就曾经采用的地方的结果看来,似乎尚不失为一种有用的努力。总之,这三种方法都是想为中国图书自己打条出路的。日本方面,好像也有同样的努力。此外比较著名几种分类法,限于篇幅不能备举。

书籍之排列 分类号码本记于书上,作为排列之次序。但同类的书,又怎样排呢?大概不外两法,一、依著者的姓名,二、依著者的时代。在现代西洋式图书馆中,大都用前法;在西文,大概都用克特(Cutter)著者号码。中文方面也有杜定友、钱亚新诸君所发表的著者号码法。至于依著者时代排列则可以表示某类学科进化的程序,在研究上似乎更便利,但检查则稍困难。不过在历史悠远的学科中,这种排列法似乎仍有顾及的价值。

至于一人而著同类之书二种以上的,也往往有之。那么,便可依书名为序而给以相当号码;同一书而版本不同者,有时也可用记号标明。所以书籍排列的次序:(1)分类,(2)著者(姓名或时代),(3)书名,(4)版本。所有陆续新添的书都可随时依法插入。这种著者号码等,称为书码。书码与分类号码合起来称为索书号码。因为排列和检查都是以此为标准的。

结论 图书分类是便利研究的主要方法:所以是图书馆中主要事务。在东西各国都有悠久的历史,但在现代图书馆中图书分类是个实用的问题,所以必要有号码和索引。至于理论的系统上组织最要紧的是确立分类标准。在现行许多分类法中要算杜威的十进法为最简单而流行。美国国会图书馆分类法为最合于科学。在中文方面旧的四库制已不能适用;新的方法尚没有什么正式成立的,我们大有努力的余地。

问题

一　图书不分类有什么不便?

二　图书分类的标准是些什么?试各举例说明之。

三　试比较杜定友、王云五、刘国钧三种分类法的得失。

四　四库分类法何以不适用于现代图书馆?

五　试说明索书号码的意义及功用。

六　同类的书应该怎样排列。

七　试研究图书分类与编制分类目录的异同。

参考书

一　刘国钧:《中国现在图书分类之问题》　见《图书馆学季刊》一卷三期

二　芮嘉森:《图书分类法原理》　见《图书馆学季刊》一卷二期

三　查修:《中文书籍分类法商榷》　见《清华学报》一卷二期

四　洪有丰:《图书馆组织与管理》　第十二章

五　杜定友:《学校图书馆学》　六六至一三四页

六　杜定友:《图书管理学》　上海,中华　第二十课至二十四课

七　杜定友:《世界图书分类法》　上海,图书馆协会

八　王云五:《中外图书统一分类法》　上海,商务

九　刘国钧:《中国图书分类法》　南京金陵大学图书馆

一〇　刘国钧:《四库分类之研究》　见《图书馆学季刊》第一卷第二期

一一　朱家治:《杜威及其十进分类法》　见《图书馆学季刊》第一卷第二期

一二　严文郁:《美国国会图书馆及其分类法》　见《图书馆学季刊》第三卷第四期

一三　章新民译:《图书分类规则》　见《图书馆学季刊》二卷第三期　按即后书中之一章

一四　Sayers:Manual of Classification Lond, Grafton,1928.

第五章　图书的编目

目录之需要　图书分类,能助我们表示书籍的性质,并且可以决定我们图书的排列顺序。但是不能告诉我们一本特殊的书的有无。在图书馆中能有这样功用的,就是目录。编制得法的图书目录不但能告诉我们图书馆内有没有如此如此的一部书,并且能告诉我们这本书的版本,这本书在书库中的地位,有时并能说明这书的内容大概,价值高低。所以这样的目录是图书馆中不可缺的。其实就是私人的藏书有时达到数千百种之时,也不能全然凭记忆来决定有无,何况图书馆内购置之书既非一次,阅览者又非一人。那么,这种目录又何能少呢?况且一书往往有牵涉数类的,若单就书分类,必不能将它同时置入这几类之内。因此,必定要有一种东西来表明这些类里都有这部书,这又是非借助于目录不可的了。

目录的功用　由上所说,图书馆所以需要目录的,一言以蔽之,就是便于检查。在读者方面可以知道馆内有没有他所要的图书;在管理方面可以知道图书在书架上的位置;在购置方面可以知道某书已否入藏;在参考方面可以知道馆内已有的各种资料。这就是目录在图书馆里的实际功用。

但是有许多目录学家,尤其是中国的目录学家,以为目录的功用不在于此。他们主张目录应当能表明学术发达的次第,尤其是学术派别的异同。他们认《汉书艺文志》为目录的模范,宋朝的郑樵,清朝的章学诚都是这派代表,章学诚尤其显明。他说:"古人著录不徒为甲乙部次计，如徒为甲乙部次计，则一掌故令史足矣，何用父子世业，阅年二纪（案此指刘向父子校书之事），仅乃卒业乎！盖部次流别申明大道，叙列九流、百氏之学，使之绳贯珠联，无少缺逸，欲人即类求书，因书究学。"（见《校雠通义》卷一）又说："校雠之义，盖自刘向父子。部次条别将以辨章学术，考镜源流。非深明于道术精微，群言得失之故者，不足与此！后世部次甲乙，记录经史者，代有其人；而求能推阐大义，条别学术异同，使人由委溯源以想见于坟籍之初者，千百之中不十一焉。"（见《校雠通义》叙）这是主张目录应当以辨章学术条别源流为宗旨的最鲜明的宣言。我们图书馆中的目录，似乎正是章氏所说的"徒为甲乙部次计"的记录，是他所不屑做的。其实目录本是以记载书籍为目的；而章学诚一流人所提倡的，则以书中所表现的思想作记载的对象。他们的注重点在学术，而不在书籍的本身。他们想用学术的系统来编次书籍。他们忽略了书籍的编制和学术的分野不能完全一致。最显著的就是类书，百科全书。这种东西，对于学术无所不包，但却没有一种无所不包的学术。这怎样把它们归入学术的系统呢？况且书籍固然是思想所寄托的，但是也有它本身的许多特点，如版本，如校勘，如名称，和著者的考订，如收藏的历史，如传布的经过，都是有需于特别记载的。图书目录的主要目的，就是记载书籍本身的各种特点。我们承认章氏一流人所提倡的目录，有学术上的功效；但是我们也主张这种簿录书籍的目录，也是研究学术的工具。因为这样才能确实认明一部书，才能进而研究它的内容和思想。藏书目录和《艺文志》的区别，就在这一点上。

目录应解决的各问题　图书目录既是以便于检查为目的，但是所要检查的事项是些什么呢？第一、有些人只知道正确的书名而想查有没有这本书。第二、不知道正确的书名，但知著者姓名而想查这本书。第三、要想查出本馆所有某著作人的作品。第四、有时因研究某种学问而想尽查得那一类的书。第五、有时因研究某项问题而想查得一切和那问题有关的书。第六、有时书名和著者都知道而想查得一种特别的版本。第七、有时要想查出一书有没有注释或翻译,以及什么人所注释或翻译;或已经知道注释人或翻译人姓名,而想查着那本书。第八、有时特别想知道书内有无图画或表格等重要附件。第九、有时要想知道一书的大概性质。第十、最后还要知道某书在书库内什么地方。这些问题,阅览人可以任意的问,所以图书馆的目录便应当想法子回答。

目录应备的各种款目 那么,怎样可以达到这目的呢? 这必须有种种不同的记载以应付种种不同的需要。这样的一条记载,在图书馆学术语上叫做款目(Entry)。款目的起首总须标出一个或几个字来作为检查和排列的顺序。这几个字,在术语上称为标目(Heading)。若标目是著作人姓名,便叫著者款目。若是书名便叫书名款目。若是一书的主题,便叫主题款目,也叫件名款目。其余的各种款目名称,都依着标目的种类而定。在一个完全的目录内,应当有种种不同的款目。它应当有书名款目以应上面第一项需要。它应当有著者款目以应第二第三项需要。它应当有类名及主题款目以应第四、五项的需要。它应当有注释人翻译人甚至出版人的款目以应第六、第七各项的需要。它应当详细注明版本,又当有附注和提要以应第六、第八、第九各项需要。又当载明索书号码,以说明本书在书库中的位置。著者、书名和主题款目,称为正款目,每部书至少都应当有这三种。其余的各种款目称为副款目,不是每书都必需的。副款目的记载,通常可以比正款目稍略。

目录应载之事项 每一条款目,应当是关于那本书的最详细的记载。这种记载可以分作八项。(1)书名项,这是每书所专有的,必须求其正确。(2)著者项,著者姓名应当求正确,并且和著作有关的各人,如翻译人、编辑人、注释人、纂集人、校刻人、绘图人等都可一一注明。(3)版本项,这又分(A)出版时,即图书刻板或排板的年代;(B)出版地,即刻板或排板的地点;(C)出版人,即刻板或排板的机关或个人；在木刻书籍有时或者要注明藏板的地方，(D)版刻，即木刻，石印，铅印，抄本，影印之类；(E)版次，即原书出版后修订或重刻之本，如重刊本、翻刻本、改正本、增广本、或节略本之类。这五点很可以决定一部书的价值，同是一书因为版本不同而价值不同的很多，所以编目的人对于这一点应当格外注意。(4)稽核事项，如册数、页数、书的行款和大小，以及有无图表照片等。因为这些东西可以帮助我们鉴别特殊的一部书，所以应当详细注明。(5)主题或类名项，这在主题或类名款目中才用得着。(6)附注项，这是用来解释本书上其他特点的。(7)提要项，这是叙述本书主要思想或批评其得失的。这在为专门研究而编的目录中，固不可少；但在普通图书馆内不是一定的必需。不过对于书名不甚显豁或容易使人误会的书籍，加上二三句简单的提要，也是很有益处的。(8)索书号码项，这一方面可以表示归入的部类；一方面又可在书库内取书，所以也是不可少的。以上八项不必每款目中都有，而且因为各种款目和各目录的功用也不同，所以各项的次序和详略也不定相同，这在后面再为讨论。

目录的种类 图书目录照前面所说，是由各种款目组织而成。凡是纯粹由书名款目组成的称为书名目录，专为检查书名的。凡由著者款目及其变形组成的称为著者目录。这是为知道著作人或注释翻译等人姓名的人检查用的。凡是纯粹由主题款目组成的，称为主题目录。这是为检查关于某问题的书籍用的。若是将书名款目或著者款目依图书分类法的系统排列而成的，称为分类目录。这是为检查某一类的图书用的。这几种单纯的目录的用处，都有限制，但可以互相辅助。若图书馆内只有一种，那目录的效用便要减少许多了。若是将书名、著者、主题各款目和其他的各种款目混合起来，但按字的顺序排列，通常叫做字典式目录，也称为检字目录。这种目录的特点，就是兼有以上几种单纯目录的长处；同一部书在这种目录内，可以有三种乃至十几种的款目。换句话说，就是至少可以在三种不同的地方寻查所要的书。只要在书名、著者、主题三样之中知道一件就可以使用这种目录了。它的又一特点，便是检查便利。只要会查字典，就会查这目录。不像用分类目录的，不懂得分类的系统，便不能用。所以这种目录在近代图书馆里，尤其是美国，极为通行。虽然有人以为这样子太粗浅，不像有什么高深学术的样子，然而就检查便利上说，谁也不能否认它的价值的。

除了上面五种之外，还有两种记录，通常也叫做目录。一种是依照图书收到先后的顺序编录的，称为登录簿，是图书馆收到图书的总帐，以后在讲选购时再详细说明。一种是依照图书在书库内架上排列的顺序编录的，称为排架目录。通常，图书的排架都是依着分类的顺序，所以排架目录也是依照类目的次序的。不过图书馆内因为行政的关系，或是因为书形大小的关系，有时不能依照这种顺序去排列图书，所以排架目录和分类目录也不能一定完全相同。排架目录的功用，是便于检查架上书籍有无失落，或放错的地方。这两种目录也是图书馆中所不可少的。

图书馆内应有的目录　由此看来，图书馆应备的目录不止一种，一部完全的目录，应当包括下面的几种：(1)字典式目录，这是目录的主干；(2)分类目录，这是依分类系统排列的，可以满足学者方面的需要而补字典式目录的不足；(3)登录簿；(4)排架目录。假使不用字典式目录，而用分类目录为主体；那么至少必须要有书名目录和著者目录作辅助，若能再有一部主题目录那便更好。倘若只有仅仅的一部分类目录，由现代图书馆学的立场看来，是不够用的；是不能完全发挥目录的功效的。

分类目录字典式目录和主题目录　在这里我们可以把分类目录和主题目录，字典式目录比较一下。我们中国旧有的目录所常见者，差不多全是分类式目录。在许多学者大有拿分类目录当为目录的正宗的气概。新式图书馆内所用的字典式目录往往遭他们的轻看和诽笑。我们也承认这种新式目录的浅近，但是我们相信分类目录必须学术上有相当根柢的人方能运用自如,而使用新式目录却不必要有这样根柢作背景。我们不否认新式目录在使用上比较的浅易,但是我们相信如其使用目录去寻求书籍是做学术研究工夫,那我们的编目能给初学的人一种方便,似乎是学者所应当赞助的。我们以为节省初学的人的时间和精神,是于学术的研究有益的,何况编制新式目录所费的精神,所需的学力,并不比编分类目录为少呢!

分类目录的显著缺点有三:第一、不便于研究某一问题或某一项事物。我在《图书馆学季刊》第二卷第二期所登的《图书目录略说》内曾说:"分类目录检查之法,皆由类以达书。不明其类例者,辄苦无从着手。而学者研究之问题,又不必为图书之类目所限。例如有治四川史地者,欲知《四库全书》中有无此项资料,势非细检总目史部之全部不可;有欲经营茶业者,欲知《四库全书》中有无关于种茶、制茶、烹茶以及茶税诸事之书,亦非翻阅子史数类不可。其不便为何如? 若主题目录则不论书之应归何类,但举书中所讨论之主要事项以为标目。如《华阳国志》、《四川通志》、《蜀鉴》、《蜀难叙略》,无论其在《四库全书》中或为载记,或为别史,或为杂史,或为方志,而其叙述之主题皆为四川,故即标四川之名以统举之。求书者但检得四川二字,而凡四川史地之资料悉汇于此。其于茶也亦然。于一切事物莫不然。如是者以书中之主题举而出之,故谓之标题。凡标题或为科名,或为人名、地名、物名,或为一事之名。总之,凡可以用为书之主题者,皆可以之为标题。自有主题款目而关于一事物之资料举手即得。向之要翻阅数册数十册之分类目录乃始得之者,今展卷即可得之;向之需淹博之学识以为背景者,今乃可以检字得之,其便利为何如耶!"

第二、分类目录不便于检查某一著作家的全部著作。我们研究一个人的学术思想时,第一步便是要知道他曾经有些什么著作。但分类目录却不能给我们这种便利。再拿《四库全书总目》作例。

朱熹的著作,在四库内,经、史、子、集各部都有。要想知道四库所收朱子著作共有几种,便非翻阅全部目录不可。这是多么费事。要在《隋书经籍志》里寻郑玄或王弼的著作,也有同样的困难。倘使有著者目录,何致有这样的不便。

　　第三、假定阅书的人已经知道一书的书名和著者,想在分类目录里寻找这部书曾否收入,这也不是容易的事。第一仅据书名不能断定它应当归入什么类。归类不定,检查就生困难。第二有许多界乎两类之间的书,各人归类很不一致,检查也就发生困难。就《四库全书》而论,《钓矶立谈》很像小说或笔记的名称,但确实是部史书,所以归入载记类。《木钟集》很像文集的名称,但确是语录,所以入子部。这单据书名怎能知道呢? 又如《晏子春秋》历来目录都算作子书,而《四库全书》归入传记;《战国策》多半目录都收入史部,而晁公武《郡斋读书志》分入子部纵横家。诸如此类,很多很多。这样的各自为政,教查书的人一时如何查得着,倒不如直接了当,编成书名目录,知道书名便可查着了。

　　救济上面三种缺点的,就是书名目录、著者目录和主题目录。所以我们恳切的主张:凡用分类目录的,必定要有这三种目录作辅助。字典式目录,是拿这三种目录混合编成的,所以比分类目录在实用上为便利。

　　但分类目录有一特色:就是能将同类的书记载于一处。将所有书籍组成一个论理的系统。使得研究一种专门学科的人,立时得着那一类书籍全部。在这一点上,分类目录便为学者们所宝贵了。所以在专门图书馆内,仍然有拿分类目录作目录主体的。但是它们也同时备有著者和书名的索引,有时并有主题的索引,作辅助的工具。因为单纯的分类目录是不够用的。试看大东书局所出版附有著者索引的《四库全书总目》,比以前各种本子为便利,便可知道了。

　　新式目录的特色　　我们要使图书目录成为研究学术的最大工

具,那么除了上面所说各点而外,还要运用三种方法。这些方法虽不一定是近世的发明,但确是到现代才被人广为采用。所以可以称为新式目录的特点。这三种方法,便是别出、互见和参照。

别出　什么是别出呢? 就是将一书内容的一部分,分析出来,单独著录为一款。原来有许多书,编制上很复杂。如一部丛书其中便包含许多部书。又有一种成套的书,也是几部书合成的,如《资治通鉴》往往连同《前编》和《三编》一同发卖。这些书的书名、作者和性质往往彼此互异。若编目的时候,仅仅只有一个总书名,那么,要检查其中子目的,便无从查起。所以我们应当将各个子目,依它们的书名、著者和主题分别著录。这便是别出,也叫作分析。这种款目称为别出款目,或分析款目。

这种办法在现今西洋目录里,是很通行的。在我们中国据说《汉书艺文志》已经应用了。明朝的祁承㸁,清朝的章学诚,都是提倡这种方法的。章氏说:"古人著书,有采取成说袭用故事者。其所采之书别有本旨。或历时已久不知所出。又或所著之篇于全书之内自为一类者。并得裁其篇章,补苴部次,别出门类,以辨著述源流。至其全书,篇次具存,无所更易,隶于本类,亦自两不相妨。"这就是说我们对于别出的部分,固当另自著录为一款;但全书本身在目录中仍当自己有它的地位。如《四部丛刊》中的各书,我们固然一一别出;但《四部丛刊》本身仍然在目录中占一个地位。其实不但对于采取成说袭用故事的书应当如此,凡是一书内含有与本书的著者不同,书名互异,性质有别的,都当别出。

别出款目有一个特别重要之处,便是要注明这别出的部分是在某书某卷某册某页,并且要注明原书的著者,有时并要注明版本。若不这样,在检查时固然要无从查起,而且也不知道这是别出款目呵。章学诚以为:自《汉书艺文志》的作者班固以后,无人能懂得别出方法;就是在表面上似乎是用这方法的,也只是幸而偶中。他说:"不然,何以本篇之下不标子注,申明篇第之所自也哉?"这可见得注明原书的必要了。别出款目,分著者别出、书名别出和主题别出三种,也是依着标目的种类而定名称的。不过别出的时候,不必每书都有这三种罢了。

　　互见　别出是将书内一部分材料单独另立一目。但有时书中材料不便于单独分析出来,而同时它确又牵涉几方面,有在这些地方都能查着的必要。这就要用互见的方法了。互见便是同一的书,著录在几处不同的地方。如罗家伦《科学与玄学》一书,讨论哲学也讨论科学。所以要互见于科学、哲学两主题之下。又如王重民的《老子考》,一方面是研究《老子》的专书,一方面又是目录。所以应互见于《老子》和目录两主题之下。这种办法,就是想使得检查某一主题的人,可以尽得着馆中所藏与那主题有关的材料,而不至遗漏。颇有些人以为这样一来,一书数见,未免重复。其实不然!章学诚说得好:"古人编目,欲人即类求书,因书究学。至理有互通,书有两用者,未尝不兼收并载,初不以重复为嫌。其于甲乙部次之下,但以互注,以便稽检而已。古人最重家学,叙列一家之书,凡有涉此一家之学者,无不穷源至委,竟其流别。所谓著作之标准,群言之折衷也。如避重复而不载,则一书本有两用而仅登一录,于本书之体既有所不全;一家本有是书而缺而不载,于一家之学亦有所不备矣。"(《校雠通义》三之一)照这样说:第一、可知互见的功用是一方面要尽量的搜罗一种一类的材料;一方面也要使一书能充量地发挥它的功用。第二、可知目录并不是帐簿。在帐簿上一部书不能重出;在图书的目录中却不妨互见。换句话说:在排架表中不能重复,因为一书在书架上只有一个地位;但在目录内,不妨互见了。

　　其实不单是性质牵涉几类的书要互见,便是一书的著者不止一人时,一书的名称不止一种时,都应当互见。因为这也可谋检查时的便利。所以我们以为有下列情形时,都应当互见:

　　1. 一书著者不止一人时,应当分别互见于各个著者名下。

2. 注释的书,应互见于原书著者和注释者的名下。

3. 翻译的书,应互见于原著者和译者的名下。

4. 个人著作而以机关名义发行者,应互见于机关和著者名下。

5. 一书有别名时,应互见于各个书名下。

6. 一书的性质,可以归入两类时,应互见于各类之下。

7. 一书讨论数个主题的时候,应一一互见于各主题之下。

参照　有互见的目录是最便检查的。但滥用互见的方法,有时不免太累赘,太繁冗。例如某著作家曾经用过几个名字,查目录的人有些记得这个,有些记得那个。为便利起见,这位著者的一切著作,都应当互见于这些个名字之下。这样一来,目录的篇幅,不是要很大很大的吗?何况既费时又费事呢?又如解剖学和生理学,古器物学和古史,都有息息相关的地方。这方面的书对于那一方面也有用处。若是一一都要互见,岂不是太麻烦了吗?于是我们便想得一个方法,我们叫知道饮冰室主人这名称的人去查梁启超;叫知道鲁迅的人去查周树人。我们叫查解剖学的人,也去查生理学;叫查古史的人,也去查古器物学。这样叫人从这目录中一项去看别一项,叫做参照。有了参照的方法,便可省去无数的互见。在分类目录和主题目录中,它的功用更大。

参照有两种:一单纯参照,二兼互参照。单纯参照,是告诉人在本目录里关于这个标目的书,都著录在另一标目之下,叫他去查那个标目。例如孙中山的著作,都记在孙文的名字下,梁任公的著作都记在梁启超名下。但我们在目录里,立一款目说,"孙逸仙见孙文","饮冰室主人见梁启超",以便利那些偶然不知道的人。所以这种参照,也叫直接参照。

兼互参照,便是所参照的两项名下,都有著录的书。不过这两项的关系太密切了。看这一方面的书的人,也有看那一方面的必要。就前面所举的例说:要研究古史的人,不单是看古史的著作,凡与古史有关系的,如古器物学等也当看看。所以我们说:"古史参阅古器物学"。反过来,也可以说:"古器物学参阅古史"。这样兼互参照表示两项的关系,使看这项的也看那一项。所以又叫做关系参照。

编制参考项目,是很复杂的。编目的人在这里应格外注意,务使它整齐划一,不能有前后参差的地方。

目录的形式　有些人以为新式的目录,就是卡片式目录。其实卡片不过是目录形式的一种,目录的新与不新,在于编制的方法,而不一定在于它是否卡片式。卡片式不过是近来最通行的一种罢了。

目录的形式通行的是书本式和卡片式两种。书本式是将图书名目,记录一个书本上。卡片式是将每一书记在一张卡片上;排在匣子里,以备检查。卡片式是比较新兴的,所以关于这两种优劣很有些辩论。现在把它们优劣之点,写在下面以作比较。

书本式目录的优点:

1. 图书按部记入,没有零落紊乱或删改涂窜的弊病。

2. 开卷可以看见数行或数十行,易于查检。

3. 容易抄录副本,可以便于赠送。不在馆内的人也能藉此知道馆内的图书。

4. 装钉成册,可以便于持久保存。

5. 副本流传,可以供给学者作搜集材料的指导。

书本式目录的缺点:

1. 新书增加不能随时插入相当的地位,必须另编补遗或续编。续之太多,不便翻检。

2. 查阅一书,有时须翻阅目录全部,甚至要查续编、补编等,时间极不经济。

3. 因为编制抄录等等都费时间,所以新到的书,不能随时插入。故目录不能成为馆内藏书最近,最确的记载。

4. 发见错误或书有失落的时候,不能即时改正。就使改正,也不雅观。

5. 阅书人多必须多备副本,才能供给多数人之用,未免太麻烦而且不经济。

卡片式目录的优点:

1. 形式简单,使用灵便。增加新书的时候即可随时补入,可以随图书馆发达而进步。

2. 新书目可以随时插入适当的地位,材料没有分散的毛病。

3. 一部目录,分装多匣,同时可供多人之用。

4. 便于修改抽换。

卡片式目录的缺点:

1. 卡片地位固定,容积又多,不便携出馆外。

2. 卡片目录不便于赠送他人。

3. 稍欠检点即易混乱。

4. 如有被人偷窃或抽去的时候,不易查出。

总之,卡片目录富有伸缩性,最便于随时发展,所以在图书馆内使用,是最相宜。

书本式目录有便于携带流传远地的好处。若是图书馆经济充裕,自然可以兼备书本式的目录以供众览。但是书本式能流传远方的,就是因为它能有许多副本,而备置副本莫如印刷。但印刷起来,费用就得很大。所以这完全是一个经济问题。印刷与不印刷,对于目录的形式,是无关的。流传的目录固然尽是书本式,但美国国会图书馆的印刷目录,却是卡片式的。

总结 在这里我们可以总结起来说:图书馆内书目的最大目的是为便于检查。但是所谓便于检查的意义,不单是指着阅览人心中已有一确定的书,而要知道馆内有没有这书。并且也指着他心中无一定的书时,我们能帮助他选择适当的书。所以为了要达这个目的起见,仅仅撮录书名和著者的目录是不够的。目录所载的事项,除了书名、卷数、著者而外,还要详载版本事项、稽核事项和索书号码。必要时要加注标题、目次和提要。为了便于检查已知著作人起见,有著者款目。为了便于检查已知书名起见,有书名款目。为了便于检查已知主题起见,有主题款目。而且为了便于检查书中的重要篇章或包括的书起见,有分析款目。为了表示一书的充分功用起见,有互见款目。为了便于表示图书间关系起见,有参照款目。分析、互见和参照,是辅助前面三种的。完全的目录是由上面几种款目合成的。单独由一种款目组成的目录,在应用上是嫌不够的。中国素来通行分类目录。但是要使得分类目录能尽其用,至少要有著者、书名和主题的索引。至于卡片式和书本式目录的争辩,是目录形式方面的问题。不过在图书馆内部,卡片式确是便利一些。所以就图书馆论,以卡片式为宜。

问题

一 目录的功用,有人主张条别学术的源流,有人主张便于检查究竟,这两种以哪一种为对呢?

二 目录里每条应当记载些什么?为什么要这样记载?

三 试述下列各名词的意义:(一)款目 (二)标目 (三)标题 (四)标题款目 (五)标题目录 (六)分析款目 (七)著者分析款目 (八)互见 (九)参照 (十)字典式目录。

四 试就下列各目录研究其编制的原理 (一)汉书艺文志 (二)明史艺文志 (三)四库全书总目 (四)直斋书录解题 (五)善本书室藏书志 (六)八千卷楼书目 (七)东南大学孟芳图书馆书目 (八)无锡县立图书馆书目。

五 图书馆内何以要采取卡片式目录?

六 标题目录与分类目录的比较。

参考书

一 刘国钧:《图书目录略说》及《中文图书编目条例草案》《图书馆学季

60

刊》二卷二期及三卷四期

二　徐家麟:《中文编目论略之论略》　《图书馆学季刊》三卷一、二期合刊

三　沈祖荣:《中国图书馆目录应采书本式抑卡片式》及《图书馆编目管测》及《中文编目中一个重要问题》一卷一期　《图书馆学季刊》一卷三期一期及三卷第一、二期合刊

四　爱克斯:《图书编目简法》　沈祖荣译　武昌,文华图书科

五　查修:《编制中文图书目录的几个方法》　《东方杂志》二十卷二十二 至二十三号

六　洪有丰:《图书馆组织与管理》　第十三章

七　A. L. A. Cataloguing Rules. Chic., A. L. A. 1908。

八　裘开明:《中国图书编目法》　上海,商务。

九　杜定友:《图书管理学》　上海,中华　第二十六课至三十三课

第六章　选购与登录

图书选择的重要　在现今这个书籍很多出版很易的世界上，决没有一个图书馆能无选择的购买任何出版的书籍。因为有许多没价值的出版品，若也漫不经心的留着，恐怕于读者反而有害。况且书籍程度的深浅不同，阅览人的能力也不同，什么样的书，才可以合什么样的读者亦非选择一番不可。再加之经费上的限制，那就更非就图书加一番甄别不可的了。

选择的标准　简单一句话，图书的选择以适用为最大的原则，一切争奇炫富式的搜罗书籍，在图书馆是不必需的。所谓适用，第一、即是适合本图书馆的性质。在儿童图书馆中用不着中等学校以上程度用的图书；在商业专门图书馆中用不着什么高深的文学，精湛的考古学，这是很明显的。第二、即是适合读者的要求和需要。所谓要求，就是阅览人是否感觉缺乏某种书的不便；所谓需要，就是阅览某方面图书的人所不可不阅读的图书。这样，每购一书必有一书的功用，庶几款不虚糜。第三、凡选择的书必需各方面都有相当的比例，不可偏颇。这在公共图书馆中尤其要紧。第四、选择图书不可以个人的好恶为准，当用客观的眼光加以评判。第五、选择图书时，不当仅顾到目前，更应预计到将来的需要。所以每一图书馆都应有它的选书标准。

选择时宜注意之点　标准定后，然后可以审查书籍，这可分为内容和外形两方面。

62

1. 书籍内容方面：(a)思想是否纯洁？(b)事实是否正确？(c)文字是否通顺而优美？(d)是否合于选择的原则？(e)是否合于阅者的程度？

2. 书籍外形方面：(a)印刷是否精美？(b)字体配置是否不碍目力？(c)装订是否坚固而美观？(d)体式是否合宜？

如其以上条件都能通过，再问第三方面，即：(a)价目是否合宜？馆中经济力量能否购买？

选购图书之行政方面的问题 图书选购，在图书馆行政上实是重要的事务，所以在美国普通图书馆多由主管的机关或董事会特设一委员会处理。通常这个委员会只决定选购的标准和各种图书经费分配的比例。实际上的选择工作则由馆长监督馆员去办理。但关于特别昂贵的书有时也要委员会自己审查。有些地方对于一切采购的图书都要经委员会同意，这也无非防止馆长个人有时或者会流入偏见罢了。在中国则由馆长自己处理的多。在行政方面，自然以用委员会决定原则为比较便利一些。至于学校图书馆内购书问题则较为复杂，因为一定要顾到教员方面的需要，而教员的需要却各各不同，往往因此造成不少纠纷。所以在学校图书馆中最好要有一个委员会来决定各科各系的经费和书籍。但同时一定要有一部分经费，至少为图书经费二分之一，由图书馆长自己全权处理。这实是必要的：第一、各科各系的教员差不多照例总是替自己方面打算，所以为防备偏枯的发展起见，图书馆应有权购买其他方面的书籍。第二、有许多普通参考书是各学科都能使用的，最好由图书馆长主持购买，一则可避去各方面的争持或推诿，二则可以随时添置，不必经过麻烦的手续。所以说这是一个重要应注意之点。

购买 图书既经选定便要从事购买。购买的最大原则是经济。所谓经济不单是图省钱，实是要想用最少金钱，得最大的效果。所以表面上多费几文，不一定便是浪费，购买的时候，最要紧是知道各地出版界的情形，和书店的状况。就中国而论，自然以上海为中心。但是雕版的书籍却不一定聚于上海,在目前仍然要推北平为最多。不过刊刻的人不一定在北平,他们是各省都有的。从前有官书局的地方,如南京的江南官书局,武昌的崇文书局,长沙的思贤讲舍,杭州的官书局,广州的广雅书局,都是供给书籍的重要地方。现在他们仍有继续营业的。此外私人刊刻的书往往不由自己发卖,但这种书籍多半校刻很好,所以为研究学术者所宝重。这类的书只有在旧书店中去求,通常大规模的旧书店都印有目录,可以函索。无论那种书店,对于图书馆都可给与特别的折扣。

在价目方面,在购买旧书时最要知道行情,就是通常的价格。因为同是一书,但因版本、纸料不同而价格也不同;又有同一版本因印刷先后而价格不同。同是一人所著之书,往往因刊板之存在与否而价格不同;或因流传多少而价格不同。更有因市上之需要而先后价格不同。所以不能一概而论,知道行情方不致吃亏。

搜访旧书应注意之点　宋代的郑樵曾经在他的《通志校雠略》里举出八种求书的方法,虽然时代远些,但仍然可以适用。所以把这八种名称举了出来。

1. 即类以求　例如要求医书,去向医生找。

2. 旁类以求　例如在道藏、释藏内去寻汉魏六朝人的著作。

3. 因地以求　这是说,关于某地的书可在那地方去找。

4. 因家以求　这是说,可就作者的家中或子孙处去找。

5. 求之公　这是说,规程条例案牍一类可在主管机关去找。

6. 求之私　这是说,向私人藏书家去访问。

7. 因人以求　例如甲和乙有关系,或者可以有乙的书。

8. 因代以求　例如一书知道它是近代或古代的著作,或出版年份,便可依此去寻求。

然而除此八法以外,实在只有随时随地,到处留心,八个字是访书的要着。但是先决的条件是自己要有鉴别的能力,相当的学识作背景,不然,一定会有"失之交臂"的遗憾。

购买时应有的工具　这是买书时所应当参考的,略举几种:

1. 各书店的目录;

2. 出版界总目录;

3. 各杂志报章上的评论和介绍;

4. 各种专门目录。

登记表格式

登记号码	索书号码	著者	书名	出版期	出版地及出版人	册数	价目		收到日期	备注
1										
2										
3										
4										
5										
6										
7										
8										
9										
0										
1										
2										
3										
4										
5										
6										
7										
8										
9										
0										
	总		数							

中华民国　　　年　　　月　　　日

登录 图书收到以后,便须依照收到的次序的先后,登记备查。这便是登录。登录的用处:(1)可以知道图书购置的次序;(2)可以做稽核图书数目的根据;(3)可以做稽核图书价目的根据;(4)可以知道图书的来源是购置或赠与;(5)可以于收到时详载版本、装订各方情形以防日后的偷换。总之,登录是图书的一本总账;登录的手续清楚明白,日后查核任何事项时,都可减去不少麻烦。

登录的事项 登录时所应当记载的事项,(1)著作人,(2)书名,(3)卷数,(4)册数,(5)部数,(6)版本,(7)装订,(8)来源(或购或赠),(9)价目,(10)购自何处等等。有许多地方并且把分类号码也写在上面。

登录的方法 登录方法却也不少,最普通的是用登录簿或用排架表兼代。现在分别把它们的手续写在下面。

登录簿的一页,如上页插图所示,每行占一个号码,这号码从一起,顺数而下,中间绝对不许有间断。所以任何最后一次登录时所用号码,即是那图书馆内所有册数或部数的总数。在外国图书馆内通常每册占一号,一部书有十册便占十号,我们可以说他们是以册为登录单位的;但在中国书方面似乎以部为单位,每部一号,较为便利。书登记时,先在簿上填好当日日期。次将各项逐一填好,然后再将登录号数写在书内,最好在书名页后一页上,并且要填在书标和书片上。

若是用排架表兼代时,那么,书籍在收到后,便应在购书片上做一记号表明这书已经收入到本馆藏书总数之中。同时须将价目、来源等等记在排架表上。用这方法可以省去登录簿和登录号,但不仔细时往往容易混乱,所以用时须谨慎。

现行杂志的登录 馆中所定阅的常年杂志和报章,通例不和书籍等随时登记。普通都用一种如下面格式的卡片,对于每期杂志如系月刊,只须在该月份下注明期数。如系周刊,就也要注明出版日期。反面,载明:出版人、价目、定购日期、满期日期和其他事项。

年	一月	二月	三月	四月	五月	六月	七月	八月	九月	十月	十一月	十二月	备注

杂志登录片

收到时登录进去。等到每卷完毕,即行装订成册,然后算为正式的书籍,再行照章登录。

结论 图书馆中采购书籍这部分工作,有时称为采访。包括选择、购买和登录三步手续。选购要有相当学识作背景;购买和登录却要手续完备。登录以后,才可以编目。

问题

一　选择图书何以是图书馆中重要的工作?

二　选择图书的标准如何?

三　购买旧书和购买新书的方法有何不同?

四　登录有什么功用?

五　登录的工作和购买及编目应如何联络?

参考书

一　Drury, F. K. W.　Book Selection. Chic., A. L. A.,1930.

二　Drury,F. K. W.　Order Work for Libraries. Chic., A. L. A.,1930.

三　洪有丰:《图书馆组织与管理》　第九章至第十一章。

四　岳良木:《图书馆登录方法之研究》　见《图书馆学季刊》三卷四期。

五　杜定友:《图书选择法》　上海,商务

六　沈学植:《图书馆学 ABC》　第二四至五四页

七　杨昭悊:《图书馆学》　下册第二二三至二五三页

八　孙庆增:《藏书纪要》　《藕香零拾》本

九　顾颉刚:《购求中国图书计划书》　广州中山大学图书馆

第七章 建筑与设备

图书馆建筑 建筑是图书馆的要素之一,而图书馆建筑确有和普通建筑不同的地方。图书馆为保护所藏图书及办事顺利起见,在建筑上须有特殊的布置和设备。图书馆建筑有两大目的:一是办事的效率,一是形式的美观。一个好的图书馆诚然不在乎房屋的高大,布置的华丽;但是适宜的布置,优美的结构,很可以舒畅阅览人的心胸,而增加他们读书的兴趣。所以建筑的美观,是不可完全忽略的。然而我们决不可因为贪图美观而妨碍效率。若不幸而如此,那和图书馆的宗旨便相反了。所以欧美的大图书馆,虽建筑极其壮伟,设备极其华美,而一考其内部的布置和结构,无不对于适用方面,特加注意。所以能美观和效率并重,而博得观者之赞赏。

现在的中国图书馆建筑 自从前清末年兴办图书馆以后,各地图书馆差不多全是就旧式房屋稍加修葺而成。实在说不上图书馆建筑几个字。自清华学校建筑图书馆以后才渐渐有专门的图书馆建筑。最近完工的国立北平图书馆,建筑和设备超出一百一十万元,在我国真可算首屈一指了。其次如中央大学图书馆,浙江省立图书馆,南开大学图书馆,江西省立图书馆,也都是新式的建筑。然而这不过是极少数。在全国各图书馆中大多数依然是用旧屋改变而成。这种办法的不合理,看了下面的建筑原则便可明白。但是在现今这种国民经济情形之下有什么法子呢? 我们只有希望负教育责任的人们赶快觉悟,设法多多筑一些合用的图书馆来培补国民的教育!

建筑原则 在现今国内经济情形之下要想处处有合理的图书馆建筑或者是不容易的事。但是稍微陈述几条关于建筑的基本原则,或许也有点用处。

1. 馆址的选择 馆址要设在交通便利高敞轩爽的地方。太逼近市场了,便喧闹。太偏僻了又没有人去。美国的图书馆多逼近都市的热闹中心;我国的又好建于山林僻静的处所。双方都不是顶好的办法。

馆址的面积也当预先计及。最要求其广大,这是为后来发展计不得不这样的。若不预留空地,以作将来的地步,必感觉种种的不便。计算面积的标准:大约阅览室每一人二十至二十五方尺;藏书室每书五百册约三十六方尺。

2. 馆舍的配置 图书馆的馆舍可分五种:(1)书库,(2)阅览室,(3)办事室,(4)特别室,(5)附属室。但因为各馆规模大小的不同,所以馆舍也有不同的种种配置。这一点对于全馆办事的便利与否大有关系。所以建筑之时,对于这一点非特别留心不可,否则稍有错误便很难挽救。

a. 书库 书库是专门储藏图书的地方,在图书馆建筑上占极重要的地位。它的方向宜防避日光直射,更要避免潮湿。在用钢骨水泥的建筑,对于防火可无问题。但防火设备总不宜缺。尤其重要的计算藏书的容量,宁可留余地以待将来的发展,不可到发展时而无余地,所以规画书库容积时除现在书籍外,应估计每年增加书籍的数目而预先替它们留十年或二十年的地位。建筑书库的书架通常用钢制。这种书架,从平地筑起,直到顶头。寻常每七英尺铺地板一层,隔成楼形。这样全副重量都支在平地层上,可以免去普通楼板不能载重的危险。每层楼的书架可分五六格,每格都用活板以便上下移动。这样既便载重,又可防火,并且便于取携了。

70

b. 阅览室　　阅览室又可分为普通阅览室,参考室,杂志报章室,和各种特殊阅览室,如善本、金石、舆图等。在小图书馆中这许多室都可归并为一个阅览室或两三个阅览室,而在大图书馆内或者可至十几室。这些室的位置要光线充足,温度适宜,尤其要和书库接近以便取书,放目录的地方也要和编目室接近。参考室内要有充分的空间以便放置普通参考书;普通阅览室内要有安放目录柜和出纳柜的地方。

c. 办公室　　办公室的多少,全看图书馆的规模和职员的数目决定的。在大图书馆每一部可以占几个房间;在小图书馆各部可集合在一间。但无论如何它们彼此间要有相当联络,不可过于散漫。更要斟酌事务的性质以定它们的位置。如庋藏、编目都要一方接近书库,一方接近阅览室,方便于照料。而采访和总务不妨位于外部以便和外人接洽。

d. 特别室　　这是指着馆中特殊的设备,虽不是必要,但可以增进效能的,所以也不妨列入。如讲演厅、研究室、陈列室、会议室、布告处、装订处等等。

e. 附属室　　这是指着那些在执行一般的事务上为必要而与图书馆本身无大关系的设备,如储藏用品室、休息室、便所、门房、厨房、食堂、工役室等等。

3. 特殊装置　　在新式图书馆的建筑内,特别要注意到特殊的装置,如采取光线,配置电灯,空气的流通,温度的调节,灰尘的防御,火灾的防备等等,都要用最新最有效的方法。这些方法都须要专门知识。所以必须和有经验、有学识的工程师商酌后采用。在新式图书馆中,阅览人能感觉舒适愉快的,一大半靠着这种装置。所以应当格外留意,使它们合用。至于图书馆学家对于这些方面所定的标准,因为篇幅关系不能在这里说了。

设备和用具　　现在再把图书馆中所不可少的设备和用具,开列几种在下面,以便从事于图书馆的人有所参考。

1. 书架　书库内的书架寻常均系钢制。它的装置、构造都另有一定的方法,前面已略为提到。至于寻常用的书架也有钢制的,但以木制的为多。靠墙摆的,叫单面书架;因为只能由一面出纳书籍。独立室中的,叫双面书架,因为可以由两方面出纳图书。平均高度为七英尺,但以不用梯阶而手能达于其最高段为合格。书架可分为六七格;隔板以能活动升降者为较便利。若用固定的隔板,那每格高约十英寸为度;最下层可略高二三寸以便放高大书籍。深度约八英寸;但为平放中国线装书的,深度以十寸至十二寸为宜。

出纳台

2. 出纳台　上面列着两种最通行的式样。我们须注意一切出纳用的纪录都要放在这台子内,所以要有很多的抽屉和格板。上面两图都是可以拆散的。在迁移和运用上都更觉便利。高约三

72

十九英寸,宽九英尺半,深三英尺十寸。

3. 阅书桌　有长方及圆形两种。长方形以两边共坐六人为最宜。圆桌亦只可容五六人阅书,大则笨重不便。最完美之图书馆的阅书桌多采一人独用的形式;但极占地位而费金钱,不是普通图书馆所能办到的。

4. 阅书椅　阅书椅以罗圈椅为最舒适,但占地位多。通常都用直背椅,如左图所示,坐椅不舒,最容易使人发生疲倦,减少读书兴趣。所以对于这点应格外注意。图中椅子高十八英寸,椅背到地三十七英寸,宽十七英寸,深十六英寸。

5. 杂志陈列架　如下图所示的,是靠墙壁陈列的杂志架。

6. 日报夹

直背椅　和日报架　报纸容易破,又容易散乱,所以要用夹夹好。如 74 页图所示,乃是最通行的样子,不易损坏报纸。这种夹子通常都横挂在一种两脚架上;但近来有人发明斜插在一根有眼的木上。既省地位,又便宜易制。如图(1)即有眼直木图,(2)是插上报夹的情形。

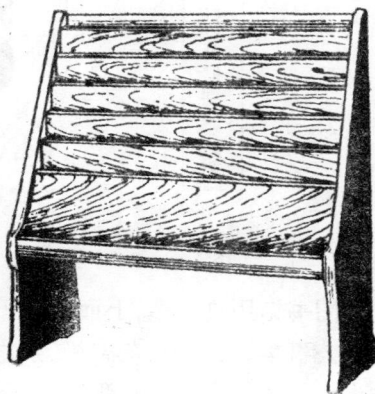

杂志陈列架

7. 目录片盒　这是为装置卡片用的。有独个、两联、六联以至数十联各种,如 75 页图。就独个而论,高四英寸又四分之三寸,宽六英寸又四分之三寸,深十六英寸又半。屉内有钢条贯通。目录片就穿在这上面不致脱落。这样每盒可容目录片一千张。

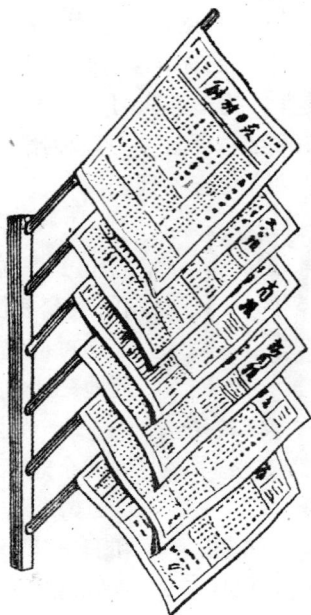

（1）　（2）

有眼直木

日报夹

　　图书馆用具极多,上面所列不过是极重要而特殊的几种。其他如公事桌、文件柜、杂志柜、杂志夹、日期戳,以及最近发明的几种出纳用机器,在这里都不能细说。要知道详细的可向美国的 Gaylord Brothers, Inc; Stockton, California; The Democrat Company, Madison, Wisconsin; The Library Bureau Boston, Mass. 和日本大阪间宫商店索取他们的说明书;他们很愿意送人的。

　　结论　图书馆的建筑和设备,是图书馆办理成功条件之一。它们需要专门的知识,所以不是可以轻易着手的。建筑方面,尤其

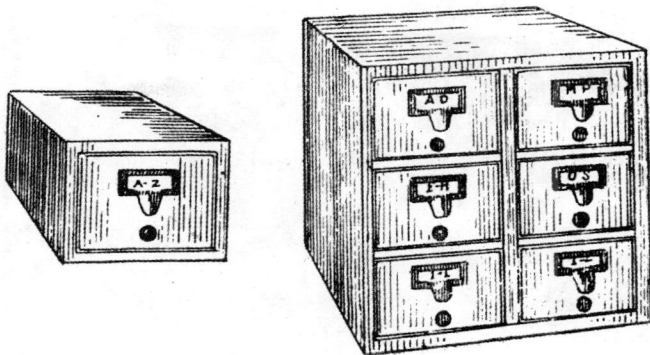

目录片盒

要工程师和图书馆学家仔细地规划。近来有些图书馆建筑往往不先征图书馆长的同意,或先建馆而后请馆长,这是很大的错误。无论建筑和设备都要能适用、耐久、经济而美观。但不能以美观而牺牲办事的效率。

问题

一 图书馆建筑何以不宜在山林僻静之区?

二 图书馆馆舍最要的是哪几种,应当怎样配置?

三 假定有地一亩,预备建一座平房式的小图书馆,你怎样支配内部的布置呢?

四 你所在地的图书馆建筑如何? 设备如何?

五 外国有许多图书馆专门用品的制造厂,这是图书馆事业发达上必要的吗?

参考书

一 马宗荣:《现代图书馆经营论》 第六至第七章

二 洪有丰:《图书馆组织与管理》 第六章

三 杜定友:《科学的图书馆建筑法》 见《东方杂志》第二四卷第九号

四　沈学植：《图书馆学 ABC》　第一〇一至一一〇页

五　杨昭悊：《图书馆学》　上卷第一四七至一七九页

六　Soule：How to Plan a Library Building for Library Work.

七　Hadley：Library Buildings. Chic. , A. L. A. , 1924.

八　Eastman：Library Furniture，Equipment and Fixtures. Chic，A. L. A. ,1922.

第八章　图书馆行政

图书馆行政的意义　以上所述都是所谓技术方面的方法。然而有方法而不能生出效果的,也未尝没有。这就在乎馆员执行事务的能力和馆内事务组织的是否严密。这就是所谓行政方面的问题。列举出来,图书行政包括图书馆之创设,经济之筹措和支配,馆务之组织,馆员的任用和职务的分配等等。

图书馆之创设　因为图书馆是个公共机关,和社会的福利,有密切关系,所以它的设立或取消,虽然可以任人自行发动,但不能不依照法律所规定的程序。所以创设的第一点便是要知道关于图书馆的法令。这个法令各国都有,美国的最为详细,日本的极为概括。中国制定这种法令也很早。民国四年的教育部就有了规定。十六年大学院又颁布图书馆条例,十九年又加以修正。根据这规程,图书馆可以依经费的来源分为公立和私立两种。公立的,由当地教育行政机关主管;私立的由董事会主管,受当地教育行政机关的监督。创设和废止都要由它核准。图书馆无论公私,对于当地的文献都有保存的责任。这是部颁规程的大概。在各省方面,也有这种规程,不过大多数都把图书馆混在所谓社会教育机关里面,和民众教育馆、博物院、公共体育场等列在一处。但如广东、安徽等省都有关于图书馆的单行法令,安徽的尤其详细。

经费　这可以分为来源和支配两方面。

甲、来源　先说来源,第一、指拨公款,这是最常见的办法。在中国也是公立图书馆的唯一办法。通常省立的由省库负担它的费用，县市立的，由县市负担。但在外国，尤其是美国，却有为图书馆而施的特别税。照例这是一种地方税，由市政府提出税额，经市议会通过。这样收来的税，完全用于图书馆，丝毫不能挪用。这是经费最稳固的方法，但非地方自治最发达，图书馆确能向市民表示它的功用时，是不能做到的。除了上面两方法外，其余只有临时的捐助了。这种捐助，在私立图书馆尤为唯一的生路，但在公立图书馆也未尝不希望由此得点帮助。这样捐款有的是指定做基金的，有的是用作经常费的。也有专门捐助图书的，对于图书馆总是一种大帮助。所以政府方面对于这种人，在相当情形之下，都与以一种奖励。我国的图书馆条例也载明这一条。

乙、支配　　在寻常的时候，经费的支配可分两大项：一、行政费，二、图书费。行政费包括一切薪俸、杂支和编目的费用，这项目数和图书费的比例，在每年一万元以内的开支，至少应为二和五之比。在一万以上，至少应为一和三之比。否则决不够编制精细的目录，和灵敏的阅览与参考的事务。现今有许多地方，号称认识图书馆功用的，对于图书费确肯用巨额的钱，对于行政费，尤其是编目费，似乎很不愿意多用。这实是一种误解，凡是知道近代图书馆的事务的都可以明了他的不当。

馆务的组织　　馆务的组织，因为图书馆的范围大小，事务繁简，经费多少而各各不同。下面这个表是表示一个寻常图书馆内所必须处置的各种事务。在小图书馆内不妨一人兼数事，在大图书馆内不妨一事用数人乃至数十百人。然而在事务的分配上这个表是大致不差的。

图书馆馆长 董事会	采访	管理选择、购置和登录等事项。
	编目	管理分类编目等事项。
	典藏	管理书籍的保存，书库的整理等事项。
	阅览	管理阅览及图书贷借等事项。
	参考	管理参考书之选择、整理及答复咨询等事。
	特藏	管理特种图书之典藏、阅览等事。
	装订	管理图书之修理、装订事项。
	推广	管理分馆之设立及巡回文库等。
	总务	管理文书、会计、庶务及其他一切不属于各股之事务。

在实际上，各图书馆因为性质上的差异，所以组织上不免有许多特殊的地方，例如参考图书馆中出纳和推广的事很轻，而编制参考书目和索引却特为重要。又如外国文特多的地方，采访、编目都可分为两组办事。但也有图书馆将中外文字的阅览也分开的，这就不当了。

馆员之资格　这里所说的馆员，实是全馆生命的中心，古人说："徒法不足以自行。"可见人的分子在事业上的重要。我们前面已经提到过几种馆员的资格，现在再概括的说几句。

第一、馆员无论阶级高下，都要有处事、治事的能力。单是爱读书、爱研究的人们，未必是图书馆的好馆员。有些人以爱读书而取用馆员，或以为图书馆能读书而愿在图书馆服务，这都是错误。所以凡为馆员的，都要认清图书馆是个服事人的机关。它的目的是谋别人研究的便利，不是供给自己馆员的读书。图书馆馆员如商店中伙计，要将货物售与人的，不是来享受店中的货物的。图书馆员不能明了这一点，图书馆只能成为少数人——馆员——的研究所。不能成为社会上所公用的研究所。

图书馆对于馆员，应当希望他能久于其事，所以待遇决不能低，否则有能力的人决不肯来，来也不肯久于其位。此是现在中国图书馆界最感苦痛的地方。至于年功加俸和退职养老金的办法，在外国久已实行了，希望中国也渐能有。

馆员每年应当有二星期至一个月的假期,使他们得着相当的休息。在职若干年以后,应当有半年或一年的休息,使他们能去读书或旅行,以增加他们的知识和能力。

总之,凡能以增加办事效率的地方,都当设法举行,使得从事这事业的心身安舒,愿意久于其事。

行政会议及董事会 图书馆内应有按期举行的行政会议,讨论并处理重大及关系各部分的事务。这种会议所以必须举行的缘故,是要使得各部分能互相了解彼此的工作而取得相当的联络。这种联络乃是办事效率的一种条件。

董事会是一个议决主要政策、重大计划和规定预算、接受决算的机关。在美国无论公私立的图书馆都有这种监督机关,在中国,则图书馆规程里明白规定,凡私立图书馆都应当设立董事会。董事会在法律上是图书馆的代表,馆长不过受此代表人的委托而处理馆务的负责人。但在实际上,我们颇觉得董事会对于图书馆的关系,只当规定大政策和经济上的计划,而内部行政却不宜过问,否则必有不便利的地方。

结论 总之,图书馆行政和组织只有两个字的大标准,就是效率。要达到这目的全在用人得当,然后能组织得宜。但是,如我们前面所说,图书馆内的事务既是很复杂而专门,自然是非经过专门训练的人不能胜任。所以培养图书馆人才,是发展中国图书馆所必采的办法,而图书馆在中国正如在其他国家一样,必逐渐成为一种专门的职业。美国、英国、法国、德国都有专门培养这种人才的机关。在美国尤其发达,有和大学程度相当或必须大学毕业后才能进去的学校十三所,这也无怪它们的图书馆所以能成为社会的中心了。不幸在中国这种学校只有一所,便是武昌私立文华图书馆学专科学校。其余就是附设图书馆学课程的大学也不过一二而已!急起直追,我们应当为中国的图书馆学努力!

在此全书结束的时候,我深愿看这本小书的人,对于图书馆能发生兴趣。我诚恳地希望他们能作进一步的研究,我愿意他们常看中华图书馆协会编的《图书馆学季刊》和文华专校出的《季刊》,庶便知道最近国内关于这方面的研究情形。

我也希望读者想一想:图书馆有图书,有方法,有好的馆员,而阅览人对于图书馆不爱护,社会对于图书馆不尊重,这样能否产生一个好的图书馆?

问题

一　什么是图书馆行政? 它的目的是什么?
二　试研究部颁图书馆条例之要点。
三　图书馆经费以用何方法分配为最善?
四　怎样能使得地方图书馆经费增加。
五　图书馆内的组织如何?
六　图书馆馆员任用的标准应当如何? 你所在地的图书馆馆员的资格如何?
七　我们要怎样养成合格的馆员?
八　试调查你所在地图书馆的经费,藏书,组织和阅览、参考人数,造一报告,并拟议改进的方法。

参考书

一　李小缘:《全国图书馆计划书》　见《图书馆学季刊》第二卷第二期
二　李小缘:《公共图书馆之组织》　见《图书馆学季刊》一卷四期
三　洪有丰:《图书馆组织与管理》　第四章至第七章
四　马宗荣:《现代图书馆经营论》　第一四至二七页
五　刘国钧:《美国公共图书馆概况》　见《新教育》七卷一期
六　陈长伟:《小图书馆组织法》　见《图书馆学季刊》二卷四期
七　Stearns：Essentials of Library Administration.
八　Lowe：Public Library Administration.

附　录

中文图书编目片之格式

（摘录中文图书编目条例草案）

1. 目片之格式以卡片目录为限，若编书本目录或不免有须变通之处。

2. 卡片之格式横五英寸，上印红色直线二，横线一，其余横格约十格，均蓝色。近底处有孔，以便穿贯。

3. 卡片上之记载均自左至右横书。

4. 凡一行不能写完必须回行者，均离第二红色直线向右缩进一字，俾便醒目。

一　基本格式

1. 下列之式为书名片之式，亦即基本格式。于此式上端加以著者姓名即成著者片，加以主题即成标题片，加以注释人姓名即成注者片，其他仿此。

2. 书名及卷数写于第一行，二者之间空二字，卷数后可接写应连写之书名卷数等，无须再留空白。

3. 著者项写于第二行，从第二直线起，先时代，次姓名，次撰著，种别，著者姓名。为醒目计可用红笔书之。著者时代亦得书于姓名之后。但须加括弧以资区别。

4. 如有注释人时其时代、姓名等均写在著者之后，相隔一字。

5. 版本项写在著者项或注释人之后，相隔二字。出版，出版人,出版地,版刻,版次之间各以逗点隔开,或空一字亦可。

6. 稽核事项自为一行,册数与其他事项间空一字,其他事项间各以逗点隔开。

7. 附注自为一项,另行起。

8. 号码写于左角(本例中所用号码均系假设),上层写分类号码,下层写书次号,登录号写于书次号三行。

二　各片式样举例如后:

目录片基本格式

号码	书	名　　　　　　　　卷数
登录号		著者　　　　出版时　　　　　　出版地及出版人 　　　　　　　版刻　　版次 册数　图表纸张等 附注 　　　　　　　○

例一　书名片一

文,318.2	带	经堂诗话　　　　　　三十卷卷首一卷
44 1901 2336	 部一 部二	(清)王士禛(原题渔洋山人)撰 　清同治十二年(癸酉),广州藏修堂,刻本 十二册 　　　　　　　○

例二　书名片二

193.4	（钦	定）诗经传说汇纂　　二十一卷卷首二卷诗序
22 1301		一卷 （清）王鸿绪等奉勅撰　　清雍正五年,内府 　刻本 二十四册　　　开化纸初印虫蛀 　　　　　○

例三　书名片

文,282.47	后	甲集　　　　二卷
39		（清）章大来撰　　　清光绪十二年,会稽 　章氏刻,式训堂丛书本 一册 本书一名:跃雷馆日记 　　　　○

例四　书名参照片一（正格）

文,282.47		跃雷馆日记　　　　即
39	后	甲集　　　　二卷 （清）章大来撰　　　清光绪十二年,会稽 　章氏刻,式训堂丛书本 一册 本书一名:跃雷馆日记 　　　　○

84

例五　书名参照片二(简式)

文,282.47		跃雷馆日记
39	后	即 甲集　　　　二卷 (清)章大来撰
		◯

例六　书名参照片三(普通参照片)

	钦	定
		凡书名冠此二字者,在本目录中均除去计算: 　例如"钦定全唐诗"可查"全"字。"钦定蒙 　古源流"可查"蒙"字。
		◯

例七　著者片(正格)

文,318.2		王士禛　　字贻上　　清人(1634-1711)
44	带	经堂诗话　　　　三十卷卷首一卷 清王士禛(原题渔洋山人)撰　　清同治十 　二年(癸酉),广州藏修堂,重刻本 　十二册
1901 2336	部一 部二	◯

例八　著者片（简式）

文,318.2		(清)王士禛(原题渔洋山人)撰
44	带	经堂诗话　　　　三十卷卷首一卷 清同治十二年(癸酉),广州藏修堂,重刻本 十二册
1901 2336	部一 部二	○

例九　别名参见片

		渔洋山人
	王	见 士禛 　清王士禛别署渔洋山人 ○

例十　异写参见片

		王士祯
	王	见 士禛 　清王士禛,后人避世宗讳作祯,亦作正 ○

例十一　女子姓名参照片

		孙王采薇
	王	见 采薇 清王采薇为孙星衍之妻 ○

例十二　标题片

		诗话
	带	经堂诗话　　　　三十卷卷首一卷 （清）王士禛（原题渔洋山人）撰　　清同治 　十二年（癸酉），广州藏修堂，重刻本 十二册 ○

例十三　标题参照片

		诗评
	诗	见 话 ○

例十四　标题参照片二

		中国文学史
	诗	参阅 话
		○

例十五　标题参照片三

	地方古物
	凡关于一地方之金石志等均见其地方名下古物目:例,江宁金石记见江苏江宁县,——古物;新疆访古录见新疆——生物。
	○

例十六　书名分析片

附 083	象 数编	六卷
$\dfrac{63}{: 4-6}$	(清)黄宗羲撰 见广雅丛书第四至六册	
		○

例十七　著者分析片

附 083		（清）黄宗羲撰
$\dfrac{63}{:\ 4-6}$	象	数编　　　　六卷 见广雅丛书第四至六册 ○

例十八　标题分析片

附 083		易经
$\dfrac{63}{:\ 4-6}$	象	数编 （清）黄宗羲撰 见广雅丛书第四至六册 ○

例十九　别出片（注版本）

例十九洞下右方为顺宗实录应得之号码，在分类目录中应照此号排次

附 文 243.55	顺	宗实录　　　　五卷
$\dfrac{258.9}{:\ 15}$		（唐）韩愈撰 见昌黎先生集外集卷六至十，上海蟫隐庐， 　　影印本，第十五册 ○　　　　　　　史 624.8　　155

例二十 书名片（注释本）

文 244.48	杜	工部集　　　二十卷
281.5		（唐）杜甫撰　　　（清）钱谦益笺注　清 宣统三年,上海时中书局,石印 八册 　1. 附清钱谦益撰少陵先生年谱 　2. 封面题:钱牧斋笺注杜诗 　　　　　　　　◯

例二十一　注释人片（简式）*

文 244.48		（清）钱谦益笺注
281.5	杜	工部集　　　二十卷 （唐）杜甫撰　清宣统三年,上海时中书局,石印 八册 　1. 附清钱谦益撰少陵先生年谱 　2. 封面题:钱牧斋笺注杜诗 　　　　　　　◯

*正格与例七同

例二十二　书名片（译本）

301		群学肄言
79		（英）斯宾塞尔（Spencer, Herbert）原著 严复译　民国八年,上海商务印书馆,铅印。 本书原名 Studies in Sociology。 　　　　　　　◯

例二十三　排架片反面

共 7 片

○

書
著
題　　　詩话
书析　　王阮亭年谱
著析
题析　　年谱

杜威分类法简表

000 General Works Prolegomena
   010 Bibliography
   020 Library Economy
   030 General Cyclopedias
   040 General Collected essays
   050 General Periodicals
   060 General Societies Museums
   070 Gournalism Newspapers
   080 Polygraphy Special libraries
   090 Book Rarities

100 Philosophy
   110 Metaphysics
   120 Special Metaphysical topics
   130 Mind and body
   140 Philosophical Systems
   150 Psychology
   160 Logic Dialectics
   170 Ethics
   180 Anci nt Philosophers
   190 Modern Philosophers

200 RELIGION
   210 Natural Theology
   220 Bible
   230 Doctrinal Dogmalics Theology

800 LITERATURE

    810 American

    820 English

    830 German

    840 French

    850 Italian

    860 Spanish

    870 Latin

    880 Greek

    890 Other Languages

900 HISTORY

    910 Geography and Travels

    920 Biography

    930 Ancient History

	Modern	
940		Europe
950		Asia
960		Africa
970		North America
980		South America
990		Ocienia and polar Regions